Educar com amor

FRAN PERES MAGDALENA

Diretora
Rosely Boschini

Gerente Editorial
Marília Chaves

Editora e Supervisora de Produção Editorial
Rosângela de Araujo Pinheiro Barbosa

Assistentes Editoriais
César Carvalho e Natália Mori Marques

Controle de Produção
Karina Groschitz

Diagramação
Triall Editorial Ltda

Revisão
Carla Fernanda Nascimento

Capa
Vanessa Lima

Fotos
Bárbara Lopes

Impressão
Arvato Bertelsmann

Copyright © 2016 by Francinete Peres Fraga Magdalena

Todos os direitos desta edição são reservados à Editora Gente.

Rua Pedro Soares de Almeida, 114, São Paulo, SP – CEP 05029-030

Telefone: (11) 3670-2500

Site: http://www.editoragente.com.br

E-mail: gente@editoragente.com.br

Dados Internacionais de Catalogação na Publicação (CIP)
Angélica Ilacqua CRB-8/7057

Peres, Fran
Educar com amor / Fran Peres. – São Paulo: Editora Gente, 2016.
128 p.

ISBN 978-85-452-0103-8

1. Educação de crianças   2. Crianças – Desenvolvimento   3. Pedagogia   4. Papel dos pais e cuidadores   5. Pais e filhos   I. Título

16-0713   CDD 649.1

Índice para catálogo sistemático:
1. Educação de crianças 649.1

Dedicatória

A todas as pessoas que acreditam na educação com amor.
As minhas filhas Isabel e Nina,
que me ensinaram a ser mãe
e a sentir o maior amor do mundo.

Agradecimentos

A Deus, por estar sempre presente em minha vida e me oferecer o que eu preciso para ser feliz: saúde, paz e as pessoas que eu amo ao meu lado.

Às minhas filhas e ao meu marido, que me ensinaram tudo o que eu sei sobre o amor.

A minha mãe Maria e minha irmã Márcia, com quem aprendi a manter a serenidade diante das dificuldades que encontramos pelo caminho.

A Rosely Boschini, que me emocionou ao dizer em nosso primeiro encontro que gostaria de publicar um livro meu. Obrigada de coração por confiar em mim.

A você que, assim como eu, segue por esta vida acreditando na família e em educar com amor os filhos que deixamos para o mundo.

Ensinarás a voar... Mas não voarão o teu voo
Ensinarás a sonhar... Mas não sonharão o teu sonho
Ensinarás a viver... Mas não viverão a tua vida
Ensinarás a cantar... Mas não cantarão a tua canção
Ensinarás a pensar... Mas não pensarão como tu
Porém, saberás que cada vez que voarem, sonharem, viverem, cantarem
e pensarem... estará a semente do caminho ensinado e aprendido!

Madre Teresa de Calcutá

Sumário

Introdução – Quando decidimos ter um filho começa a nossa responsabilidade … 11

Capítulo 1 – A maior e melhor parceria da sua vida … 19

Capítulo 2 – A essência de educar filhos … 27

Capítulo 3 – Ser pai e mãe no século XXI … 39

Capítulo 4 – Criando os filhos para o mundo … 49

Capítulo 5 – Pais, filhos e o mundo … 59

Capítulo 6 – Meu filho, meu tesouro … 71

Capítulo 7 – 10 dicas para se tornar um pai e uma mãe melhores … 87

Capítulo 8 – Vivendo e aprendendo juntos … 97

Capítulo 9 – Celebrar é preciso! … 111

Introdução

Quando decidimos ter um filho começa a nossa responsabilidade

"Seja a mudança que você quer ver no mundo."
Essa frase de Mahatma Gandhi resume parte do que acredito sobre a educação e os valores que devemos deixar para nossos filhos. Pois, para mim, a missão de ser mãe começa no momento em que se decide ter um bebê e nunca termina.

Se a gravidez é marcada por enjoos, mudanças no corpo e inúmeras inseguranças, tudo compensa na hora em que você conhece o rosto daquela pessoinha que vai mudar o seu jeito de encarar a vida para sempre. Aí vêm as cólicas, as mamadas no meio da madrugada, as inúmeras fraldas e assim por diante. Mesmo exausta, o sorriso daquela boquinha sem dentes enche você de alegria. A cada dia, uma nova descoberta: ela aprende a se sentar, a caminhar, a falar as primeiras palavras. E passa tão rápido! Quando você menos espera, chega a hora de ir à escola e dói no peito só de pensar que têm de se separar por algumas horas (ou, em alguns casos, bem antes, quanto termina a licença maternidade).

Tudo gira em torno dela, é verdade. Coisas simples, como o prato vazio depois da refeição ou a apresentação do Dia das Mães, deixam a gente orgulhosa! É uma emoção atrás da outra. Nem sempre tão boas… Até hoje fico abalada ao lembrar do dia em que a Bel (Isabel, minha filha mais velha, de 9 anos) caiu do balanço com apenas 3 anos. Era sangue para todo lado, foi o maior susto! Eu e o Maurício (meu marido) voamos com ela para o hospital. Resultado: seis pontos no queixo da nossa pequena. E nesse percurso podem haver desafios maiores ainda. Minha mãe é prova disso, como vou contar agora.

Ela era uma moça do interior, que sonhava com uma vida diferente na capital, Rio de Janeiro, para onde se mudou aos 20 anos ao se casar. O casamento foi cheio de conflitos, ela tentou fugir em situações de revolta, sempre em vão. Logo ficou grávida do primeiro filho, que foi batizado de José Márcio. No ano seguinte, veio outra criança, dessa vez menina: Alicemar, que, no entanto, faleceu com apenas 6 meses, de meningite. Depois veio outro menino, Francisco, e minha irmã Márcia. Quando Francisco tinha 9 anos, ele foi diagnosticado com insuficiência renal crônica. Aos 12, o problema evoluiu e ele entrou em fase terminal. Na época, minha mãe estava grávida da caçula, eu. Foi ele quem escolheu meu nome, quando já estava internado. Infelizmente, não nos conhecemos, pois ele faleceu um mês antes do meu nascimento. Mas ela não se entregou: a responsabilidade de precisar cuidar de um bebê foi o que a ajudou a superar a dor da perda do filho.

Mais tarde, descobrimos que se tratava de uma doença genética, que ataca as pessoas do sexo masculino da família: José Márcio também a desenvolveu ao completar 18 anos. Fez hemodiálise por muitos anos até que, num ato de amor, minha irmã Márcia, então com 24 anos, lhe doou um rim, com o qual ele viveu por uma década. Dos cinco filhos, hoje somos só nós duas. Por isso, acredito que a fé deu forças para minha mãe seguir adiante. Ela tem energia e animação de fazer inveja, apesar da idade avançada! Essa história mostra bem que, ao decidir ter um filho, precisamos estar preparados emocionalmente para o que der e vier. Cabe a nós estar sempre a postos para apoiar, incentivar e amar.

Errar faz parte desse processo. Está tudo bem.

Em vez de apenas se lamentar, tente evoluir com suas falhas. Ainda que sua vida fique de pernas para o alto, todas essas transformações serão para melhor. Você vai crescer junto com o seu filho e provavelmente aprenda mais do que ensine. Para que isso aconteça, no entanto, é preciso renunciar a certas coisas em prol dele, em nome dessa missão de ser mãe. Talvez uma promoção, um corpo sarado, uma conta bancária no azul... Só o tempo dirá. No dia em que ouvir "eu te amo, mamãe" ou "você é a minha melhor amiga", valerá a pena.

Parceria para a vida toda

Como meu pai era muito rígido, eu quase não saía de casa. Fui uma menina de poucas colegas. No entanto, algo me dizia que um dia eu teria uma família linda e feliz. Então, dois anos depois que me casei, fiquei grávida – e logo soube que aquela menina se tornaria minha companheira e melhor amiga, enchendo minha existência de luz e cor. No dia em que descobri que seria mãe, tive a certeza de que jamais ficaria sozinha outra vez. Sentia que seria ela (e não ele), então, comprei um vestidinho logo em seguida. E eis que no dia 17 de março de 2007, às 12h30, com 51 centímetros e 3,250 quilos, de parto normal, Deus me enviou minha pequena Bel.

Quando a vi pela primeira vez, meu sonho em forma de pessoa, conheci o amor de maneira plena e incondicional. Ninguém disse que seria fácil! O primeiro susto veio ainda no hospital. Já tínhamos recebido alta quando percebi que a bebê estava meio amarelada. O médico pediu um exame de sangue, que comprovou o diagnóstico de icterícia. Foram mais onze dias de internação para fazer fototerapia e exames de sangue diariamente. Eu ficava atrás da porta do berçário com o coração apertado, ouvindo-a chorar quando a enfermeira a levava para realizar os exames. Graças a Deus, não foi necessário fazer transfusão sanguínea. Quando finalmente recebi a notícia de que ela estava curada, só queria levar minha filha direto para casa e até esqueci de colocar nela a roupinha especial de saída de maternidade. E assim, de cara, aquele serzinho me mostrou que eu era mais forte do que imaginava!

Embora tenha feito o Curso Normal (também chamado de magistério) no ensino médio, Pedagogia e Psicologia na faculdade (Psicologia parei no último ano), pouco entendia o que era cuidar de uma criança na prática. Até porque a gente não aprende a ser mãe na escola, e sim no dia a dia. Sou a caçula e não tenho sobrinhos, então, era tudo novidade para mim. Ainda hoje lembro da choradeira no primeiro dia de aula! Mais uma vez, de coração apertado, fui forte. Sabia que ela precisava se socializar com outras crianças. Se é para o bem dela, pensei, eu aguento! De lá para cá, já se foram nove anos, com muitas alegrias, erros e acertos e com a certeza de que esse amor e essa amizade vão durar para sempre.

Depois que a Bel completou a nossa família, não pensava em ter outros filhos. Já não tinha certeza se queria recomeçar, pensando em todos os cuidados e demandas de um bebê... Especialmente porque sou preocupada demais, daquelas que leva a criança ao médico por causa de um espirro. Uma vez, quando ela era recém-nascida, achamos estranho que ela não dormia. Imagine! Já a caminho do hospital, ela pegou no sono por causa do balanço do carro! Mas aí o nosso bebê cresceu e começou a pedir uma irmã e, assim, começamos a nos apaixonar por ela mesmo que existisse apenas na nossa imaginação.

Nina foi mais um presente que Deus me deu. Minha caçula chegou ao mundo no dia 6 de fevereiro de 2015, às 21h15, por meio de uma cesariana, com 49 centímetros e 2,795 quilos. Filho não separa o casal, como alguns dizem, não atrapalha a sua vida; filho completa, fortalece e faz tudo ter mais sentido. Com Nina e Bel experimentei a felicidade de forma plena.

O segundo bebê, ainda que os pais sejam mais experientes, também dá trabalho, claro. A doação é a mesma, mas como recompensa você recebe amor em dobro. Agradeço a Deus por ter me dado essa felicidade duas vezes. Hoje em dia, eu me pergunto: como pude viver sem elas?

Ser mãe significa dar o seu melhor sem esperar nada em troca. Bel e Nina são os maiores presentes que já recebi. E sei, pela maneira como me olham, que elas também são tão gratas – e apaixonadas – quanto eu.

Para mim, educar sem amor é como um arco-íris sem cor.

Educar com amor

A palavra amor vai aparecer muitas vezes neste livro, por isso foi escolhida para o título também. O amor é a base de tudo em nossa vida, é o que torna tudo mais leve e tenro. Mas esse sentimento que vamos falar aqui é do tipo incondicional, sublime, que não se explica por meio de palavras: o amor entre pais e filhos. A comparação parece simples, mas o que quero dizer é que ambos são impossíveis, uma coisa não existe sem a outra. Pois, como ensina o mestre Paulo Freire, um dos maiores educadores que o Brasil já conheceu, "Educar é um ato de amor e, para educar crianças, é necessário, sobretudo, amá-las profundamente".

Boa leitura!

A maior e melhor parceria da sua vida

Hoje em dia, a maioria dos pais tem cada vez menos tempo para dedicar aos filhos. Entre trabalho e casa, especialmente nas grandes cidades, os adultos podem ficar até doze horas ao dia distantes das crianças. Saem de manhã e voltam à noite, muitos quando o filho já dormiu. Refeições com todo mundo ao redor da mesa, então, nem pensar. O resultado, claro, são crianças tanto cuidadas quanto educadas por outros – sejam babás, empregadas, professores, avós... Aquele triste fenômeno conhecido como terceirização dos filhos.

Claro que precisamos de ajuda para criá-los; tem até um ditado africano que diz que é preciso uma aldeia inteira para educar uma criança. Também conheço de perto os obstáculos que a vida de pai e mãe traz! No entanto, não podemos delegar 100% da responsabilidade que é nossa. Todos temos nossos compromissos profissionais, entendo. Mas ainda que trabalhar para dar um futuro melhor aos filhos seja algo do qual devemos nos orgulhar (em vez de sentir culpa!), gostaria de fazer uma reflexão. Do que, de fato, eles mais necessitam? Presente ou presença?

Assim, vez ou outra, não custa se perguntar quanto você realmente conhece e participa da vida de seus filhos. Como se chamam os amigos deles? Do que eles mais gostam de brincar?

Quais são seus sonhos?

Não é apenas a criança que perde por ficar longe dos pais, mas os adultos também. Perdem as primeiras conquistas, as reuniões da escola, as travessuras... E, ao longo do tempo, talvez a chance de nascer uma grande amizade.

Como se relacionar com seus filhos de maneira plena, íntima e verdadeira

Sempre achei lindas essas famílias em que pais e filhos se tornam amigos para todas as horas. Por isso, tento mostrar para a Bel que ela não precisa ter medo de nós. Pelo contrário, ela tem liberdade para conversar e participar de todos os assuntos da casa. Já imaginou como é bom saber que você tem em casa alguém em quem confiar e com quem pode contar a qualquer hora? E ela lida conosco de forma descontraída. Aprendi, no entanto, que essa relação saudável que mantenho com minhas meninas não acontece de uma hora para outra. Assim como construímos um relacionamento pleno, íntimo e verdadeiro, baseado no amor e no diálogo, acredito que você também pode – e deve – chegar lá. Como?

Tem brincadeira, mas tem respeito mútuo também.

Para começar, se você não consegue ficar tantas horas quanto gostaria com seus filhos, invista em um tempo de qualidade. Uma pesquisa realizada com 1.605 crianças pela Universidade de Toronto, no Canadá, mostrou que a qualidade da relação, e não a quantidade de tempo que as mães passam com os filhos, é o que conta mais, tanto em suas conquistas acadêmicas quanto em seu comportamento, nos sentimentos e no bem-estar futuro.[1] Por isso, ao chegar em casa, esteja presente de verdade (ou seja, esqueça o celular). De nada adianta estar no mesmo lugar fisicamente se a nossa mente está distante. Então, faça valer a pena o tempo que tem para ficar com seus filhos! E não precisa se sentir culpado por passar horas longe deles, afinal, dessa forma você está buscando oferecer a eles

---

[1] ASCHAIEK, Sharon. Making the (right) time for parenting. University of Toronto. 7 de maio de 2015. Disponível em: <http://www.utm.utoronto.ca/main-news/making-right-time-parenting>. Acesso em: 12 jul. 2016.

uma vida segura e tranquila. Para mim, é mais uma questão de administrar o tempo, priorizando um momento só para eles. Em vez de dizer apenas que vai ligar a TV porque está cansado e precisa relaxar, por exemplo, que tal convidá-los para assisti-la junto com você por uns instantes? Nesse intervalo, pergunte (e preste atenção na resposta!) como foi o dia deles, as inseguranças, alegrias e outras experiências que viveram na escola. Se preferir, pode dividir um pouco das coisas que você fez também. Desde que seja sincero e abra seu coração – não se esqueça de que eles percebem tudo, mesmo que a gente tente esconder.

Outra sugestão é (tentar) negociar com o seu chefe para levá-los ou buscá-los na escola pelo menos uma vez por semana, mesmo que você tenha de voltar ao computador para trabalhar depois que eles estiverem na cama. Sempre que possível, arrume espaço na sua agenda para fazer o dever de casa com eles. Não puderam tomar café da manhã em família durante a semana? Então, aproveite o sábado ou o domingo para prepararem, juntos, aquela receita gostosa e saboreá-la sem pressa, ainda de pijama! E, antes de reclamar que não vai dar, pois você tem uma série de afazeres para resolver, tente incluir as crianças em alguns deles, como o supermercado ou a ida ao salão de beleza. Mas, se chegou em casa só depois que eles já estavam dormindo, dê um beijo de boa noite e diga que os ama, ainda que não estejam te ouvindo. Esses pequenos detalhes vão fazer com que seus filhos se sintam importantes e merecedores do seu carinho e da sua atenção – e assim tem início aquela relação de parceria e troca para toda a vida de que falei antes. Com a ajuda das tecnologias que temos disponíveis hoje, podemos dar um alô aos filhos ao longo do dia de inúmeras formas. Lembre-se, porém, de que nem o mais legal ou caro dos presentes vai substituir a sua presença, mesmo que por poucos momentos.

Ficar perdida, sem saber o que fazer, está incluído no roteiro desse drama (geralmente com final feliz, para nossa alegria!) chamado maternidade. Até pouco tempo, era mais simples: a gente seguia nossas mães, avós, tias e pronto. O mundo, entretanto, está se transformando numa velocidade difícil de acompanhar. A parceria de pais e filhos também deve se adaptar, dia após dia, à correria da vida atual. Pode espalhar: seus filhos conhecem suas fraquezas, assim como suas qualidades. Mas te amam do jeitinho que você é. Ser mãe significa dar o seu melhor sem esperar nada em troca. E há uma coisa que não muda: o amor vence qualquer barreira, cura as feridas e torna a vida melhor de ser vivida. O que importa, então, é ser amigo e companheiro dos seus filhos desde o primeiro olhar que trocarem entre si (eles entendem tudo bem antes do que a gente imagina). O texto a seguir, de autor desconhecido, ilustra bem o que falei até aqui. Reflita.

Tempo para os filhos: uma mensagem para os pais

Um menino, com uma voz tímida e os olhos de admiração, perguntou ao pai quando ele chegou em casa: "Papai, quanto o senhor ganha por hora?"

O pai, num gesto severo, já cansado e irritado pelos problemas do dia a dia, falta de dinheiro, enfim, responde duramente: "Escuta aqui, meu filho, isso nem a sua mãe sabe, não me amole que estou cansado, tá?!"

Mas o filho insiste: "Papai, por favor, só me fala quanto o senhor ganha por hora.

Então, o pai respondeu: "Tá bom, meu filho". Ele fez os cálculos rapidamente e respondeu: "Três reais. Por que você quer saber?"

Então o filho disse: "Então pai, o senhor poderia me emprestar um real?"

O pai, já cheio de ira e tratando o filho já com mais brutalidade, respondeu: "Ah, então era essa por isso que você queria saber quanto eu ganho, né, só me procura por dinheiro, vá dormir e não me amole mais, seu aproveitador!"

Já era noite e o menino foi dormir, uma lágrima caiu no canto dos seus olhos. O pai depois do banho se deitou na cama e começou a refletir o que havia acontecido, se sentindo culpado.

Talvez o filho precisasse comprar alguma coisa, querendo aquele um real. Pensou em aliviar a sua consciência que estava pesada, afinal ele era pai. Foi até o quarto do filho e em voz baixa perguntou: "Filho, você já está dormindo?"

"Não, papai", respondeu o filho sonolento.

"Olha, aqui está o dinheiro que você me pediu. Tá feliz, meu filho?"

"Puxa papai, muito obrigado!", disse o filho levantando da cama e retirando mais dois reais da caixinha que estava debaixo da cama dele.

Disse ao pai: "Papai, agora já completei o dinheiro, tenho três reais. Você poderia me vender uma hora do seu tempo? Sabe pai, é tão bom ter você sempre por perto e saber que eu posso contar com você. Você é tão ocupado e não tem tempo para mim, então eu precisei comprar uma hora do seu tempo.

Quanto vale seu tempo? Você vai disponibilizar o seu seu tempo para o seu filho ou ele terá que comprá-lo?

2 A essência de educar filhos

Se pudesse dar apenas um conselho sobre educação para cada pai e mãe falaria somente isso: criança aprende com exemplo. O poema a seguir, da escritora e conselheira de família norte-americana Dorothy Law Nolte (1924-2005), traduz bem essa ideia; por isso, o escolhi para abrir este capítulo. Eu o li pela primeira vez quando era aluna do Curso Normal no Ensino Médio, numa época em que já amava crianças, mas ainda nem sonhava que seria mãe. A poesia foi publicada originalmente em um jornal em 1954, nos Estados Unidos, e se tornou um mantra para milhares de famílias daquele país nas décadas seguintes, chegando a ser distribuída por uma marca de fórmula infantil. Vejam se não é linda.

> *Se as crianças vivem ouvindo críticas, aprendem a condenar*
> *Se convivem com a hostilidade, aprendem a brigar*
> *Se as crianças vivem com medo, aprendem a ser medrosas*
> *Se as crianças convivem com a pena, aprendem a ter pena de si mesmas*
> *Se vivem sendo ridicularizadas, aprendem a ser tímidas*
> *Se convivem com a inveja, aprendem a invejar*
> *Se vivem com vergonha, aprendem a sentir culpa*
> *Se vivem sendo incentivadas, aprendem a ter confiança em si mesmas*

> *Se as crianças vivenciam a tolerância, aprendem a ser pacientes*
> *Se vivenciam os elogios, aprendem a apreciar*
> *Se vivenciam a aceitação, aprendem a amar*
> *Se vivenciam a aprovação, aprendem a gostar de si mesmas*
> *Se vivenciam o reconhecimento, aprendem que é bom ter um objetivo*
> *Se as crianças vivem partilhando, aprendem o que é generosidade*
> *Se convivem com a sinceridade, aprendem a veracidade*
> *Se convivem com a equidade, aprendem o que é justiça*
> *Se convivem com a bondade e a consideração, aprendem o que é respeito*
> *Se as crianças vivem com segurança, aprendem a ter confiança em si mesmas e naqueles que as cercam*
> *Se as crianças convivem com a afabilidade e a amizade, aprendem que o mundo é um bom lugar para se viver*

Cada família tem um jeito de educar, de acordo com os próprios valores e crenças. Mas essa premissa vale para todos: temos de ser o exemplo daquilo que queremos/imaginamos/sonhamos para nossas crianças. Considerando que as relações entre pais e filhos são a primeira e principal fonte de aprendizado dos pequenos, antes mesmo da escola, nossas ações valem mais do que as palavras. Não adianta, portanto, ensinar coisas lindas se o seu filho não o vê praticando-as.

Uma situação bem comum diz respeito à mentira. Contamos várias ao longo do dia, às vezes sem perceber. Quer ver? A sua amiga liga convidando para uma festa, à qual você não está a fim de ir. Para não magoá-la, você diz "que está um pouco doente, melhor ficar de molho". Ou, então, depois de provar uma roupa no shopping, você diz à vendedora que voltará para comprá-la mais tarde e nunca mais aparece. E, no almoço de domingo na casa da sogra, elogia a sobremesa da cunhada, mas depois comenta com o marido que achou a receita horrível. Ainda que as razões sejam "nobres", digamos assim, a lição que fica é a de que podemos mentir quando nos convém. Para pensar.

O exemplo é importante para a criança desenvolver não apenas os valores que norteiam a sua família, que são conceitos abstratos, como outros aspectos mais práticos. Aqui incluo desde hábitos alimentares à higiene, entre outros. Se você fala para sua filha que ela tem de comer alimentos saudáveis, mas na sua casa não pode faltar refrigerante e outras guloseimas, como espera que ela aprenda? Uma revisão de estudos publicada em 2014 pela Universidade Estadual da Nova Jersey (EUA) mostrou que as crianças que fazem um maior número de refeições em família tendem a comer mais vegetais, vitaminas e fibras, além de ingerir menos guloseimas. A pesquisa também mostrou que o índice de massa corporal (IMC) delas tende a ser mais saudável do que as que raramente se sentam à mesa com os pais. Já os adolescentes, nesse caso, afirmam se sentir mais acolhidos e correm menos risco de sofrer de depressão. O motivo por trás disso podemos imaginar! O mesmo vale para jogar lixo na rua, passar no sinal vermelho, falar palavrão...

Enquanto seres humanos, cometemos erros mesmo com a melhor das intenções. Mas devemos aprender com eles, concorda? Quando não souber algo, apenas diga que vai pesquisar para lhe ensinar. Desde que demonstre seu interesse pelas dúvidas da criança, está tudo bem. E não pense que seu filho não está prestando atenção! Nossos filhos nos observam o tempo todo – um bom motivo para nos policiarmos! Eu mesma, certa vez, me surpreendi com uma resposta da Bel quando chamei a atenção dela por uma atitude que não gostei. Quando disse "não faça mais isso", ela retornou com um sonoro "por quê, mamãe? Eu aprendi com você!". Só me restou pedir desculpas! Aliás, esse é outro detalhe importante. Quando nós, pais, erramos, também temos de nos desculpar, consertar o erro e prometer não repeti-lo. Ninguém consegue ser impecável 24 horas por dia, há momentos em que pisamos na bola e falamos ou fazemos algo que magoa nossos filhos. Não tem problema, desde que isso não faça parte da rotina, claro, e se torne banal.

Claro que não somos perfeitos.

A Bel, desde pequenininha, toda vez que pegava um copo de suco derrubava-o no chão, na toalha da mesa, no sofá... Muitas vezes logo após eu ter acabado de limpar a casa. Sem perceber, já deixei escapar "você tem a mão furada, que desastre!". Ela respondia que não fez de propósito e se desculpava. Acho que, em parte, a culpa é minha, pois ela provavelmente já pegava o suco meio nervosa com receio de derrubá-lo, mesmo sem saber. Isso às vezes ainda acontece, o que mudou foi minha postura. Apenas peço que preste mais atenção. Não quero ver minha filha com a carinha triste por causa de uma bobagem (o que me deixava arrasada depois!), que pode acontecer com qualquer um ou que ela mesma poderia consertar passando um pano na sujeira. Uma palavra mal dita ou um olhar recriminador pode magoar o seu filho à toa. Isso sem falar que rotular a criança só piora a situação, pois ela realmente passa a acreditar que é o que falam dela. Lembre-se de que eles reproduzem nosso comportamento, como podemos notar quando brincam. Em duas ocasiões diferentes, observei duas crianças na faixa dos 2 anos, cuidando de suas bonecas. Enquanto uma delas dava ordens em tom áspero, dizendo "é hora de dormir, trata de ficar quieta, já estou sem paciência com você!", a outra falava "meu amor, vamos para a cama, mamãe vai te dar um beijinho para você dormir bem gostoso". Ou seja, estavam copiando o tratamento que cada uma recebia em casa diariamente. É muito triste que a gente se habitue a tratar mal nossos filhos, assim como nos acostumamos com crianças pedindo esmolas na rua e tantas outras injustiças sociais. Acho interessante compartilhar essas histórias reais porque talvez isso esteja acontecendo com você também. Em vez de brigar, pare para refletir. A solução para seu problema pode estar ao seu alcance.

Construindo a autoestima do seu filho

Mais uma atitude que também considero fundamental para educar uma criança feliz e saudável: ensiná-la a se valorizar. O que nem sempre é fácil nos dias de hoje, em que as crianças estão expostas a mensagens de consumismo e ao culto à beleza (só para citar alguns problemas) nas mais variadas mídias. Por isso fazemos questão de reforçar lá em casa que todo mundo é diferente e temos de nos aceitar e ser felizes do jeitinho que somos. Maurício e eu de vez em quando fazemos dieta e sempre praticamos esportes. Então, falamos para a Bel que cuidar da alimentação e praticar esportes não tem nada a ver com essa história de ficar sarado, com a barriga negativa. É para o nosso bem-estar e, por consequência, para o dela também. Ainda assim, a Bel é supervaidosa desde pequena! Uma vez, quando ela tinha de 2 anos, a dentista falou que ela tinha de largar a chupeta porque os dentes poderiam ficar tortos mais adiante. Como ela estava com pontos no queixo, por causa daquela queda no parquinho, achei melhor aguardar ela sarar completamente. Mas ela, decidida, chegou em casa e sentenciou: "Não quero mais essa chupeta, vou ficar com o dente feio". E assim nunca mais a usou!

Também tentamos sempre passar essa mensagem, mas nem sempre as crianças entendem. Um dia a Bel colocou uma peruca de cabelos curtinho. Algumas crianças comentaram que ela ficou feia sem o cabelão – só para você ter uma ideia de quanto essa imposição de padrões de beleza tem influência desde cedo. Em ocasiões assim, a gente toma consciência da nossa responsabilidade! E você, que exemplos tem transmitido ao seu filho?

Cada um é único

Ao contrário do que muitos pensam, as crianças percebem tudo ao redor delas. Por volta dos 5 meses os bebês já começam a associar significados emocionais a determinadas expressões faciais, passando a lê-las. Por isso, acredito que precisamos valorizar todas as conquistas de nossos filhos, desde as simples, como aprender a amarrar o tênis, às mais difíceis, como conquistar uma medalha em um campeonato. O que não significa elogiá-lo em excesso, inclusive por algo que ele nem tenha se esforçado tanto assim para fazer. Para muitos de nós, pais, os filhos são sempre o centro do universo, os mais espertos do mundo, a última bolacha do pacote. E não há nada de errado em amá-los demais. Ao passo que temos de acreditar no potencial de nossos filhos, a cobrança não pode ir além do que eles podem nos oferecer.

Assim, seja fiel e verdadeiro aos seus princípios.

Já percebi que não adianta mentir para nossos filhos que está tudo bem, quando não está. Quantas vezes eu estava conversando com o Maurício sobre um assunto com a Bel ao lado, concentrada em suas brincadeiras, e depois ela me perguntava mais detalhes daquilo que estávamos falando. Mesmo que a gente pense que eles não estão ouvindo, é melhor evitar conversas de adulto se as crianças estiverem por perto. Porém, caso você esteja enfrentando dificuldades e não esteja nos melhores dias, fale a verdade também. Diga que está chateado, que merece "um desconto". Senão, caso perca a paciência e dê uma bronca sem motivo, seu filho não vai entender nada... Eles conhecem como ninguém: nosso tom de voz, nosso olhar e não adianta disfarçar. Procure ser verdadeiro, falando que precisa ficar quieto quando está chateado para pensar um pouco. Se você se irritar, nesse caso, ele já sabe por que. Ser "transparente" é um jeito de mostrar aos nossos filhos que eles podem confiar em nós sempre, pois sabem o que esperar. Devemos aplicar tais atitudes não apenas na criação dos nossos filhos, como com outras pessoas também.

Nenhuma criança é igual à outra.

Cada uma tem o ritmo próprio para aprender e crescer. Enquanto uns bebês caminham antes de completar 1 ano, outros só dão os primeiros passos por volta dos 18 meses – e ambos estão dentro do intervalo que é considerado normal, de acordo com a Sociedade Brasileira de Pediatria. Compará-los com outros – irmãos, primos, colegas e até ídolos – só vai gerar insegurança, medo e frustração. Não é fácil, eu sei. A Bel demorou para andar e falar e, por isso, foi rotulada até por professores. Uma delas, certa vez, me chamou a atenção sobre esse "problema" de uma maneira que me surpreendeu bastante, vindo de uma professora de educação infantil. Levei a minha filha, então, a diversos especialistas: pediatra, fonoaudióloga, ortopedista... A conclusão foi de que não havia nenhum atraso de desenvolvimento, apenas não estavam respeitando o tempo dela. Existem algumas tabelas que mostram o número de palavras que as crianças falam de acordo com a idade. Só que elas são apenas uma referência e, sozinhas, não querem dizer nada. As crianças devem ser avaliadas dentro de um contexto multidisciplinar, considerando todas as suas habilidades juntas. A Bel pode ter começado a falar mais tarde que a maioria das crianças, só depois dos 2 anos. Em compensação, hoje fala muito e o dia inteiro! Acredito que esse final feliz se deve ao nosso incentivo também: desde pequena, mostramos que ela pode chegar onde quiser com esforço e dedicação, sabendo que estaremos ao seu lado para apoiá-la nas conquistas e nas derrotas.

A história a seguir nos mostra como a falta de apoio da família pode levar a criança a se transformar em um adulto que duvida das próprias capacidades. Conheço uma mulher que teve um problema de saúde na infância e, por isso, os pais a poupavam de tudo. Não era maldade, apenas excesso de zelo, com a intenção de protegê-la. "Você não pode", "Você não consegue", "É uma menina doente" eram as frases que sempre ouvia quando tentava algo novo. Os anos foram passando e ela cresceu com a ideia de que era frágil e incapaz de tomar as próprias decisões. Mesmo quando moça, foi privada de sair sozinha, namorar, trabalhar e até de escolher o que vestir ou comer. Moral da história: tudo isso a impediu de ter uma vida plena, pois os próprios pais a fizeram acreditar que ela não conseguiria dar conta de se virar sozinha. Tornou-se uma pessoa que pensa ser inferior e sem atributos para ser amada e aceita.

Faz parte da construção da identidade na infância admirar artistas, atletas, super-heróis e outros personagens com quem se identifiquem. Querem se vestir, falar, jogar, enfim, ser uma cópia do ídolo. De modo geral, o ídolo tem o papel de ajudar a criança (ou o adolescente) a encontrar as próprias características e gostos pessoais, a fim de identificar o seu estilo. Desde que a criança continue respeitando e valorizando suas características pessoais, está tudo bem. Cabe a nós, pais, apoiá-la, mostrando que todos somos iguais. Devemos reforçar que os ídolos que eles tanto admiram são iguais a eles, a única diferença é que são famosos.

Os pequenos devem saber dos seus direitos e deveres como filhos, alunos e crianças. Lá em casa a gente não costuma cobrá-las a todo instante, até porque já faz parte da natureza da nossa filha mais velha ser exigente consigo mesma. Ela já chegou a chorar porque tirou 7 em uma prova, mesmo com a gente dizendo que era uma boa nota. Mas no meu caso não foi assim, tive uma criação diferente em relação ao que aplico. Sempre fui comparada a irmãos, primos, colegas de escola, vizinhos... Para piorar, meus pais achavam que todos eram melhores do que eu em tudo. Prometi para mim que não agiria da mesma forma no dia em que me tornasse mãe, e é o que procuro fazer. E agora, por meio do livro, tenho a oportunidade também de influenciar positivamente tantos outros pais para que evitem gerar em seus filhos sentimentos de insegurança e inferioridade, que poderiam segui-los por toda a vida. Em vez disso, recomendo que você os aceite do jeito que eles são, únicos e, portanto, especiais.

Tive uma infância totalmente diferente da que ofereço para minhas filhas. Meus pais tinham outra cabeça, achavam que bater, por exemplo, era uma forma de educar. Muitas vezes apanhei por bobagem. Além da tristeza, cheguei a ficar com a pele marcada em algumas ocasiões. Sei que eles não faziam por mal, e sim por acreditar que estavam me ensinando algo dessa forma. No entanto, sempre dizia a mim mesma que, quando fosse adulta e tivesse a minha própria família, agiria de maneira oposta. Pois acredito que ser temido pelos filhos não é o mesmo que ser respeitado. Hoje em dia, inúmeros estudos e educadores de diferentes linhas pedagógicas concordam: bater não é um método eficiente de educação.

O assunto é polêmico! Qualquer tipo de violência contra criança, seja física ou psicológica, pode deixar sequelas emocionais, sim. Isso pode influenciar a autoestima e o relacionamento dela com outras pessoas, agora e no futuro. Enquanto algumas crianças podem se tornar retraídas, outras podem ficar agressivas. Geralmente, as mais violentas são aquelas que costumam apanhar em casa, já percebeu? Porque elas acabam entendendo que bater é uma maneira de resolver conflitos. Isso sem falar em algo que os educadores chamam de caráter progressivo da palmada. Primeiro, os pais dão um tapinha. Com o tempo, isso não resolve mais. Aí, a criança apronta de novo, e eles passam para a chinelada. Quando menos esperam, perdem a paciência e aquele tapa "inocente" vira uma surra. Não é à toa, portanto, que o Laboratório de Estudo da Criança (LACRI), do Instituto de Psicologia da Universidade de São Paulo (USP), lançou em 2016 uma campanha chamada A Palmada Deseduca, com objetivo de chamar a atenção das famílias para o tema. Há um *meme* que circula nas redes sociais com uma imagem de uma mão segurando um galho, com a seguinte frase: "1ª Vara da infância e juventude... Minha mãe era a juíza." Infelizmente, educar com castigos físicos ainda está presente na cultura brasileira, a ponto de muitas pessoas acharem normal e até fazerem piada, como essa acima. Muito adulto afirma que continua aplicando esse tipo de correção porque apanhou quando era criança e nem por isso carrega traumas. Mas, veja bem, o mundo evoluiu, incluindo a forma de criar filhos! Se vamos viver como antigamente, então, teremos de assistir televisão em preto e branco... E para cada criança que aprendeu a lidar bem com as palmadas que levou há outra que talvez não reaja assim; não temos como prever como cada tapa será recebido por alguém.

As ameaças, as punições, os castigos (alguns deles chamados docemente de "cantinho do pensamento"), as agressões registram a violência, não o aprendizado. E isso vai passando pelas gerações que resistem a quebrar esse ciclo vicioso.

Gritos, xingamentos e humilhações podem até aumentar o risco de depressão e de comportamento agressivo em adolescentes, como mostrou uma pesquisa feita com cerca de mil famílias pela Universidade de Pittsburgh em parceria com a Universidade de Michigan, ambas nos Estados Unidos. De acordo com os autores do estudo, esse comportamento fere a autoimagem da criança justamente no período em que ela está em formação, fazendo com que se sinta incapaz e inútil.

Como mãe, na prática, é o que tenho observado também. Jamais dei um tapa nas minhas filhas. Também não as coloco de castigo. Gritar, outra alternativa bastante usada para conter as crianças atualmente, está fora de cogitação. Porque, para mim, a força do grito impõe um falso respeito, que no fundo representa medo. No entanto, é comum ouvirmos elogios por conta da educação da Bel. Tenho certeza de que quando a Nina crescer, mesmo que cada filho tenha a sua personalidade, ela será elogiada também. Se eu não bato, grito ou coloco de castigo, e ainda assim consigo educar minhas filhas, você deve estar se perguntando:

qual o segredo?

Em primeiro lugar, acho que funciona dar aos filhos liberdade com responsabilidade. Enquanto pais, sabemos o que é melhor para eles. É importante que os filhos também participem das decisões. Entendam que somos amigos e que podem contar com a gente. Além disso, crianças devem ser tratadas como pessoas, ou seja, com respeito. Não importa a idade. Isso implica ouvir o que os pequenos têm a nos dizer. Pois, ao ouvir nossos filhos, ganhamos uma oportunidade de aprender com eles.

Outro detalhe que faço questão de reforçar mais uma vez: crianças têm seu tempo e ritmo próprios para se desenvolver. Não podemos esperar que saibam se comportar como adultos. Sendo assim, não adianta brigar com o seu filho porque ele faz sujeira na mesa, demora para guardar os brinquedos ou dá um ataque de birra no supermercado. Tudo tem seu tempo. Tais comportamentos fazem parte do desenvolvimento infantil e entender como e por que isso acontece facilita – e muito! – a relação entre pais e filhos.

Mas isso não quer dizer que você tem de ser conivente com seu filho! Em vez de agir com nervosismo no calor do momento, o que só piora a situação, respire fundo. Lembre-se de que espetáculo sem plateia sai de cartaz! Como é comum os pais cederem para não passarem vergonha, as crianças tendem a fazer esse tipo de "manha" em público. Então, para início de conversa, a gente têm de ignorar o comportamento. Melhor tirar a criança do local, esperar ela se acalmar e, só assim, conversar. Caso ela ainda seja bebê, não adianta explicar muito. O ideal é distraí-la, longe dali, para que se tranquilize. Ela já é grandinha? Nesse caso, uma vez que esteja mais calma, vale retomar o assunto e deixar claro que você não gostou da atitude dela. Abaixe-se para falar na mesma altura da criança, com firmeza, olho no olho. Ela tem de entender que você não deixou de amá-la por isso, apenas está desapontado com aquela situação. Outra coisa que funciona é antecipar a birra (isso mesmo)! Antes de sair de casa, explique onde vão, como espera que seu filho se porte e, se for preciso, faça alguns combinados com ele também. Por exemplo: "Vamos ao supermercado, você tem o direito de escolher um doce, ok?" Não espere, logicamente, que da próxima vez que vocês saírem vai dar tudo certo. Com o tempo (e muita paciência) e, principalmente, com a sua ajuda, seu filho vai amadurecer e aprender a lidar melhor com as próprias emoções.

Uma questão de cumplicidade

Meu marido e eu resolvemos todos os assuntos relacionados à educação das nossas filhas juntos. Para mim, não existe mais aquele negócio de a mulher cuidar do lar e dos filhos, enquanto o homem, apenas do sustento da família. Homem de verdade dá banho, troca fralda, coloca o bebê para dormir e assim por diante. Por isso, a gente decide as regras da casa, o que pode e o que não pode, de comum acordo. Do contrário, fica aquele jogo do empurra: "fala com o seu pai" ou "resolve com a sua mãe". E, claro, falou, está falado. Não tem essa de um desautorizar o outro, senão gera insegurança nas crianças ou, pior ainda, elas perdem o respeito pelos pais.

Voltando a minha infância, lembro que meus pais achavam que para garantir respeito não poderiam dar muita "confiança" aos filhos. Eles só conversavam sobre o que era necessário, mantendo um certo afastamento. Também não tinham o hábito de brincar conosco. Eu prefiro apostar em uma relação de cumplicidade. Lá em casa, há brincadeiras e consideração de ambas as partes, e tem dado certo! Algumas pessoas até me perguntam se tantas brincadeiras não fazem o filho perder o respeito pelos pais. De forma alguma! Desde que saibam que, apesar de sermos amigos, somos pais. Sou contra qualquer tipo de violência ou punição, seja física ou verbal, com o intuito de educar. Para mim, tudo isso deixa marcas, sem ensinar nada. Tenho amigas que, embora gritem ou mesmo batam em seus filhos, estão sempre reclamando da rebeldia deles. Falo para você o que recomendo a elas: usar autoridade é diferente de ser autoritário. Você não pode exigir da criança algo (nesse caso, respeito) que não oferece a ela. Pense nisso!

Com um relacionamento baseado no amor e no diálogo, a cumplicidade entre você e sua família vai desabrochar naturalmente. Isso implica ouvir, participar e colocar-se no lugar do outro, não importa a idade. O modelo de família mudou, hoje os pais são mais próximos, atenciosos, pacientes. Se até pouco tempo os mais velhos apenas davam ordens enquanto os mais novos obedeciam, atualmente a gente pode e deve ser cúmplice dos filhos! Embora os tempos sejam outros, os conflitos entre gerações continuam. Ser amigo e impor limites, por vezes, deixa os pais confusos. No entanto, acredito que isso é possível, sim, desde que exista um respeito mútuo. Cada fase tem suas descobertas e conquistas: um desafio tanto para os pais quanto para os filhos.

Filhos nos completam

Filhos são um presente, mas entendo que nem todos nasceram para ser pais. É uma escolha individual, que deve ser respeitada. Principalmente porque demanda uma grande responsabilidade, muda o jeito de viver e é para sempre. Eles vão precisar de você por um bom tempo, afinal. Só que muita gente não fala sobre essa parte difícil da maternidade/paternidade, o que faz com que muitos casais se divorciem depois que se tornam pais. Todos ficamos meio perdidos a princípio com os novos papéis, é normal. Aumentam as obrigações (e as dívidas também!) e as atenções da mãe são voltadas exclusivamente para o bebê, o que faz com que o pai se distancie invariavelmente. No entanto, as mães não devem excluir os pais e assumir o bebê sozinha. Já os pais, além de cuidar do bebê, podem participar de diversas formas: cozinhando, fazendo o supermercado, levando o cachorro para passear e tantas outra coisas (trabalho é o que não falta). Tudo para aliviar o estresse da mãe nos primeiros meses. Sem uma divisão justa de tarefas dificilmente a logística da casa vai dar certo a partir desse momento. Há pesquisas que dizem que o casal que divide melhor as obrigações domésticas e os cuidados com as crianças, geralmente, tem uma vida mais feliz! Porém, é importante lembrar, para não assustarmos os pais de primeira viagem, que esse cansaço inicial passa. Aos poucos, todos da família se adaptam às novas funções. E se os desentendimentos persistirem, por que não buscar ajuda profissional (com um terapeuta de casais) para aprender a lidar com os desafios que vêm por aí?

Mas não podemos negar que, no meio desse "caos" da vida com filhos, há coisas lindas também. Ver seu marido/esposa cuidando de seus filhos no dia a dia faz com que você se apaixone ainda mais por ele/ela.

Nascendo uma cumplicidade ainda maior.

Inserir os filhos nos momentos de lazer do casal também é fundamental para fortalecer os laços da família. Há casais que preferem sair sempre sozinhos, porque acham que as crianças atrapalham. Entendo que precisamos de um tempo a dois. Mas sair com minhas filhas é um prazer! Ainda que o casal precise de um tempo a dois, eu penso que os filhos não nos separam, e, sim, nos completam. À medida que nossos filhos crescem, vamos aprendendo e amadurecendo juntos enquanto pais, descobrindo o nosso jeito de educar. Entre erros e acertos, visto que não somos perfeitos e nem queremos que nossos filhos pensem que somos. Já pensou que lindo ouvir no futuro que eles querem ser para os filhos o que fomos para eles?

Para concluir, acredito que um dos principais obstáculos de ser pai e mãe no dia de hoje é estar disponível. Porque a gente tem muitos compromissos e obrigações, além de viver em uma sociedade egoísta. E para educar uma criança, precisamos de boa vontade. O fato de você estar lendo este livro já demostra suas intenções como pai ou mãe, ou seja, aprender para ser melhor. O que vai fazer diferença, acredite. Um tempo atrás, conheci dois meninos que estudavam juntos na mesma sala de aula de 1º ano do ensino fundamental. Vou chamá-los de João e José. O primeiro tinha dificuldade de aprendizado, enquanto o segundo não tinha. João era muito estimulado pelos pais que eram bastante comprometidos com as atividades escolares do menino. Paralelamente, ele recebia apoio de profissionais diferenciados, como fonoaudiólogo, psicólogo, entre outros. José, por sua vez, vivia com os avós, que não tinham paciência nem boa vontade com o neto.

O pai raramente aparecia na escola, pois trabalhava muito, enquanto a mãe o havia abandonado ainda bebê. Mesmo assim, as notas de José estavam na média. As notas do menino nem eram tão baixas quanto as do seu colega, mas às vezes, ficavam abaixo da média. No final do ano ambos foram para recuperação e, diante daquela situação, não foi surpresa o resultado no final. O João passou mesmo tendo notas baixas e o José repetiu mesmo não precisando tirar notas tão altas. O apoio dos pais foi o principal motivador da vida escolar dessas crianças, independentemente de suas habilidades e dificuldades.

> Com boa vontade somos capazes de superar barreiras.

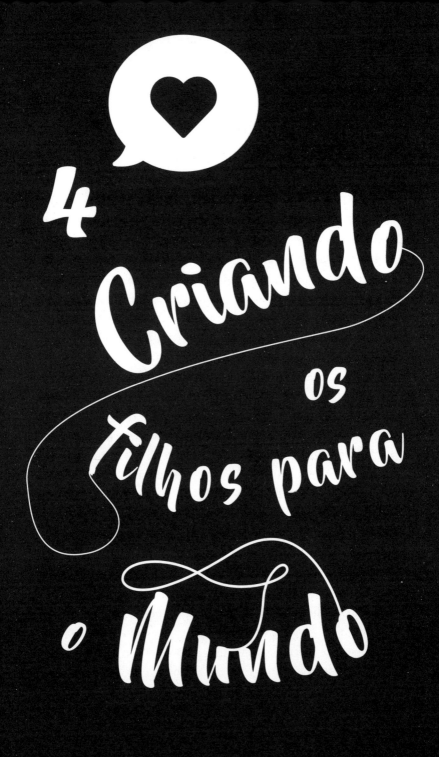

Responda com sinceridade: você incentiva seu filho a fazer as coisas sozinho (mesmo quando está com pressa), deixa-o ir até a esquina sem o celular, divide com ele os problemas da família? Claro que tudo depende da idade e da maturidade da criança, mas, de modo geral, a nossa geração de pais tende a ser bem mais protetora do que a anterior. Até pouco tempo, você deve se lembrar, as crianças brincavam na rua, iam a pé para a escola, ajudavam no serviço da casa. Podemos dizer que eram mais livres. Atualmente, apesar de terem mais liberdade para se expressar, perderam autonomia em outros aspectos: são supervisionados o dia inteiro. Existe até um termo que os educadores usam para definir esse tipo de comportamento: pais helicópteros. Ou seja, estamos sempre "sobrevoando" os pequenos, com receio de que algo de errado aconteça com eles. A expressão nem é tão nova assim: foi cunhada no final dos anos 1960 pelo psicólogo israelense Haim Ginott, autor do clássico *Entre pais e filhos*. Porém, o termo acabou se popularizando nos últimos anos, talvez por causa do aumento desse fenômeno.

Veja bem, não há nada de errado em proteger as crianças, pelo contrário. Mas a gente não pode esquecer do principal: criamos os filhos para o mundo. Isso significa que eles vão ter de aprender a se virar e a se defender sem os pais. Mas como vão chegar lá se estamos em cima deles o tempo inteiro? Uma pesquisa feita pelo Instituto de Psicologia da Universidade de São Paulo (USP) em 2013, com crianças de classe média e alta entre 5 e 7 anos, mostrou que a presença constante de adultos (sejam pais, professores, babás e demais cuidadores) controlando as ações das crianças atrapalha a autonomia, a criatividade e a espontaneidade delas. Também pudera! A explicação é da psicóloga e educadora Clarice Kunsch, em entrevista à *Revista Educação* (n. 202, fev. 2014):

> As crianças estão cada vez mais institucionalizadas, envolvidas em atividades dirigidas por outro adulto. Isso acontece porque, em várias famílias, tanto o pai como a mãe trabalham fora. Muitas vezes eles não têm um profissional de confiança para cuidar de seu filho depois que ele volta da escola e acabam mandando-o para um clube ou para uma escola de idiomas, por exemplo, porque sabem que naquele local ele estará seguro. Assim, ele fica sob a intermediação de um adulto o dia inteiro. É claro que uma criança precisa disso. Isso é necessário para garantir a integridade, para a segurança física dela. Mas o problema é que ela fica tempo todo ouvindo o que fazer.

Ela conta, ainda, que o excesso de controle chega a deixar as crianças entediadas e apáticas. Em outras palavras: como os adultos decidem por elas o tempo todo – o que vestir, do que brincar, aonde ir – elas se condicionam a fazer apenas o que os outros dizem, em vez de pensar e agir por si próprias. A educadora completa:

> Por estarem o tempo todo fazendo alguma coisa, com alguém por perto controlando, as crianças ficam sem saber o que fazer quando se veem sozinhas, à toa. Cada vez mais você encontra crianças que perguntam: agora brinco do quê?, agora faço o quê?"

Se pensarmos que nem mesmo nas festas infantis elas são capazes de brincar sem ajuda de recreadores, faz todo o sentido. Triste, não?

Criar os filhos para o mundo exige desenvolver neles habilidades que vão além do conhecimento. Muitas vezes achamos que prepará-los para o futuro significa estudar em uma boa escola, fazer incontáveis atividades extracurriculares (línguas, esportes e até cursos de liderança) e viajar para o exterior todos os anos. Só que não podemos nos esquecer de outras qualidades não cognitivas, como sociabilidade, responsabilidade, independência. Mas qual o limite entre soltar e proteger?

Lá em casa, em vez de colocar as nossas filhas numa bolha, preferimos ensinar a diferença entre perigo e risco aceitável. Pois embora as duas palavras estejam relacionadas, não são equivalentes. Entrar numa enchente, por exemplo, é muito perigoso. Construir uma casa à margem de um rio é se expor a um risco que deve ser estudado. Trazendo esse conceito para o nosso cotidiano, atravessar a rua consiste em um risco sempre. Temos de "enfrentá-lo", obviamente. A alternativa para diminuir o risco é caminhar pela faixa de pedestres. Queremos que nossas filhas entendam, então, o que é ter liberdade com responsabilidade – isto é, que sejam independentes, mas conscientes das consequências de suas ações. Você tem de confiar na capacidade do seu filho! Se deixá-lo tentar, aos poucos, ele vai aumentar o próprio repertório e fazer melhores escolhas.

Na medida do possível, converse sobre tudo: violência, dinheiro, falsidade, que não devemos nos deixar levar pela opinião dos outros, principalmente se aquilo for contra os nossos valores, e que não tem problema fazer diferente dos amigos se você sabe que está certo, e por aí vai. Basta usar uma linguagem simples, que as crianças conseguem entender mesmo os assuntos mais delicados. Esses ensinamentos farão toda a diferença quando elas forem adolescentes e sofrerem influência maior de outros grupos além da família, como amigos, namorados... Fase em que se torna praticamente impossível "sobrevoar" nossos filhos o dia inteiro, ao passo que eles terão acesso a situações (boas e ruins) que fogem do nosso controle. Melhor, então, ensiná-los a voar solo, concorda?

O importante é ser feliz...

Existem pais que dão tudo o que o filho quer, sem perceber que isso também significa superproteção. Eu prefiro explicar que há coisas caras e baratas, algumas podemos comprar e outras, não. E está tudo bem, afinal, dinheiro não traz felicidade. Costumo explicar que, se existe algo que não podemos dar a ela agora, mais adiante ela mesma vai comprar com o próprio dinheiro (que será fruto de seu estudo e trabalho). É um jeito de acreditarmos, de incentivá-la a lutar pelo que quer e não simplesmente esperar tudo de mão beijada. Outro dia, no shopping, depois de ganhar um brinquedo que queria muito, minha filha de 9 anos se declarou: "você é a melhor mãe do mundo"! Na mesma hora, retruquei: "Se eu não pudesse comprar esse brinquedo, também seria uma mãe legal". Então, ela mesma consertou dizendo que, de fato, eu sou a melhor mãe do mundo porque sou amiga, dou carinho e faço tudo o que posso por ela. Se você não tiver condições financeiras para oferecer tudo o que acha que seu filho merece, não precisa ficar triste. Converse com ele sobre a situação numa boa. Há inúmeros passeios e brincadeiras que saem de graça. Como ir à praia, ao parque, ao museu (a maioria tem um dia da semana ou mês com entrada livre). Está sem grana para jantar fora? Tem coisa mais divertida do que preparar o prato favorito da família com a ajuda dos filhos? Dependendo da receita, os menores podem brincar com a massa, enquanto os maiores já conseguem picar e misturar os ingredientes. Além da bagunça, é uma ótima oportunidade de mostrar a eles como se trabalha em equipe. E esse tempo de qualidade que passamos com nossas crianças é impossível de calcular! Acho essa frase perfeita: "As pessoas mais felizes não têm o melhor de tudo, mas elas fazem o melhor de tudo". A vida é feita de escolhas e cabe a você optar por ser feliz, apesar de todos os desafios e obstáculos, ou ser aquela pessoa eternamente descontente com tudo. Agora, se o seu orçamento permite satisfazer todos os desejos dos seus pequenos, acho que vale a pena refletir também. Será que ganhar todos os brinquedos, passeios e viagens que sempre sonharam não vai fazer com que cresçam pensando que é fácil ter tudo o que quiserem (e na hora que quiserem) na vida?

Devemos transmitir aos nossos filhos que o que realmente importa na vida é saúde, família, amizades verdadeiras, trabalhar com o que a gente gosta e acredita... e que dinheiro não compra nada disso; definitivamente a felicidade não está nos bens materiais, mas nas coisas simples da vida, que em geral não custam nada. Chegar em casa depois de um dia cheio de trabalho e ser recebido com um pulo de alegria do seu bichinho de estimação e com um sorriso apaixonado dos seus filhos: quem precisa de mais do que isso? São tantas as dádivas e alegrias que recebemos diariamente, muitas vezes sem dar o devido valor. As melhores coisas da vida, vale lembrar, não são coisas!

... e a felicidade depende de nós mesmos!

Outra lição que considero fundamental deixar para nossos filhos é que essa tal felicidade depende de... nós mesmos. Não podemos depositá-la nas mãos de ninguém. Muitas vezes, a procuramos incansavelmente, seja no trabalho, no amor, nos bens materiais, quando ela está, na verdade, dentro de cada um. Por isso, não devemos depender de ninguém para ser feliz, senão corremos o risco de nos frustrarmos constantemente. Nós, pais, queremos proteger nossa prole de tudo, mas não há como evitar que sejam magoados algum dia, infelizmente. Resta-nos, então, conversar e oferecer condições para que eles se desenvolvam emocionalmente e enfrentem tais barreiras da melhor forma possível. Para tanto, acredito que seja fundamental, diante da menor queixa, parar e escutar os filhos. Não ignore os sentimentos deles dizendo que é coisa de criança! Assim, eles saberão que vão encontrar nos pais pessoas que sabem ouvir, em quem podem confiar. Isso já é meio caminho andado para resolver os problemas que vão surgir.

Conheço muitas pessoas que trabalham exaustivamente para dar tudo do bom e do melhor para a família. Muitos saem de manhã, quando as crianças ainda estão dormindo, e voltam só de noite, com elas já na cama. Precisamos trabalhar, tanto por uma questão de satisfação pessoal quanto para ter dinheiro para sobreviver. Porém, eu me pergunto: o que é uma vida boa? Será que a opinião do seu filho é a mesma que a sua, nesse caso? Pois, talvez, no lugar de brinquedos e viagens, ele prefira passar mais tempo com você. Se pudesse escolher, quem sabe trocaria o carrinho de controle remoto ou o videogame de última tecnologia por um passeio pela praia ou um filminho em casa mesmo. Programas simples, mas que promovam cumplicidade e amizade entre pais e filhos.

Cumplicidade e amizade não têm preço, você precisa conquistá-las.

Precisamos encontrar nosso equilíbrio entre o necessário e o supérfluo: oferecer uma boa escola, plano de saúde e outros benefícios é louvável. No entanto, não vale a pena ser sugado pelo consumismo. Pois o que importa, na realidade, é o companheirismo e a nossa presença em todas as fases da vida dos nossos filhos. Pensando nisso, tire um tempo para estar com sua família. Dedique esse intervalo de verdade a ela, esteja realmente presente, sem desviar a atenção para a televisão ou para o celular... Se está passeando, não precisa checar os e-mails a todo instante ou se preocupar com algo que ficou pendente no trabalho. Deixe para a segunda-feira! As crianças percebem quando os adultos estão distantes, mesmo presentes! Basta um minuto para você perder alguma conquista do seu filho, algo que não volta mais. Você não terá jamais a chance de recuperar as brincadeiras, as descobertas, as datas importantes.

Do que adianta, então, preocupar-se tanto com o futuro dele, se ele está precisando do seu amor e da sua atenção hoje? O passado já se foi, o futuro não sabemos como será, o que temos é o presente. É nele que devemos viver. Cada dia que se passa é um dia a menos, que não volta mais. Parece que ainda ontem seu bebê se mexia na sua barriga, momento mágico em que todos da casa querem senti-lo, lembra? Aí logo começou a caminhar, a falar, a ter desejos e vontades. Por mais que ainda sejam crianças, não temos todo o tempo do mundo ao lado deles. Nada de se acomodar, portanto, e deixar para participar amanhã (ou só nas férias!). Quantas vezes postergamos coisas que não consideramos tão urgentes, como falar "eu te amo", pedir desculpas, buscar o pequeno na escola... tudo porque as nossas obrigações do dia a dia nos roubam o tempo?

Conheci uma moça que tinha uma filha de 12 anos. Como toda boa mãe, ela pensava muito no futuro da menina. Era uma pessoa determinada, trabalhava todos os dias, inclusive nos finais de semana e feriados e fazia faculdade à noite. Tudo em nome de seus objetivos: juntar dinheiro para comprar uma casa e fazer "a" festa de 15 anos para a menina. "Então", pensava, "poderemos aproveitar tudo o que temos direito". Um dia, porém, teve de enfrentar o maior drama de sua existência: descobriu que a filha tinha um câncer grave na região da cabeça. Em apenas trinta dias, a pequena foi internada e faleceu.

> Às vezes, só acordamos diante de um chacoalhão feito esse.

Daí, surgem os porquês, o arrependimento das horas perdidas, as tristezas pelos momentos que não poderemos trazer de volta. A mãe ficou deprimida e largou tudo. Diz que, se pudesse, faria tudo diferente, ficando mais tempo ao lado da filha. O problema é que nem sempre temos uma segunda chance. A única alternativa é aproveitar todo e cada dia que ganhamos ao lado das pessoas que amamos, sejam filhos, pais, amigos. Trabalhe, lute e construa o que quiser, de acordo com seus propósitos. Mas não deixe de viver o hoje. Use a história que contei para refletir sobre como está conduzindo *a sua* história. Que tal aproveitar agora e deixar este livro de lado para ir até seu filho e dizer o quanto o ama e como ele é importante para você?

5 Pais, filhos e o Mundo

No começo dos anos 2000, Julie Lythcott-Haims, na época reitora da renomada Universidade de Stanford, nos Estados Unidos, ficou intrigada com o número cada vez maior de alunos na casa dos 20 anos incapaz de tomar conta de si mesmo, chamando os pais ao campus com frequência para ajudá-los a resolver problemas do universo estudantil. Era estranho isso ocorrer em uma das melhores universidades do mundo, onde eram aceitos apenas os alunos mais brilhantes e com ficha escolar impecável, mas que pareciam ser perfeitos apenas no papel. Apesar das notas e da inteligência intelectual, os alunos recorriam aos pais para resolver situações corriqueiras e dificuldades da vida de estudante.

A partir daí, a educadora começou a estudar um fenômeno que ela chamou de *overparenting* (algo como a mania de proteger demais os filhos). Julie citou como consequências dessa superproteção não apenas a perda de autonomia, mas também aumento nos índices de depressão e outros problemas emocionais entre os mais jovens, demonstrando que o tiro realmente sai pela culatra quando não deixamos os filhos terem independência. A teoria de Julie é que, por causa dos cuidados exagerados das famílias, hoje temos a primeira geração de "adultos-criança" da história. Em uma entrevista ela disse:

> Trata-se de pessoas que não se sentem capazes de tomar as próprias decisões nem de lidar com contratempos e decep-

ções. Ao primeiro sinal de problemas, pegam o telefone ou teclam para os pais para pedir orientação. Ora, um adulto é, por definição, alguém capaz de refletir e descobrir como lidar com determinada situação.

Também acredito que é preciso ensinar nossos filhos a andar com as próprias pernas. O maior trabalho dos pais é preparar o terreno para que, no futuro, eles possam servir apenas como um consultor, uma fonte de conselhos e apoio, mas que efetivamente não trabalhem por eles.

E para que nossos filhos cheguem lá, alguns empurrõezinhos são necessários. Você sabia que um em cada cinco brasileiros de 15 a 29 anos não trabalha nem estuda? Ou seja, um fator básico da autonomia dos mais jovens não está acontecendo, pois a vida produtiva garante a eles a liberdade financeira, que é um dos pilares para a liberdade emocional na vida adulta. Os dados são Síntese de Indicadores Sociais do Instituto Brasileiro de Geografia e Estatística (IBGE), de 2013. As estatísticas também mostram que eles estão saindo cada vez mais tarde de casa, índice que aumentou 20% em uma década (também é meio óbvio: se a mesma porcentagem não trabalha nem estuda, como poderiam morar sozinhos?). Talvez você conheça ou tenha algum "nem-nem", como ficaram conhecidos os jovens desse grupo, na sua família: atualmente, eles já somam 9,6 milhões(!) de pessoas. Tudo isso para mostrar que, sim, você tem de reforçar com seus filhos a importância de ser independente, mesmo que isso signifique deixá-los errar algumas vezes. A ajuda dos pais e, mais adiante, do cônjuge, certamente faz diferença para superar obstáculos, mas cada um deve ser responsável por si mesmo, por decidir do que gosta e o que consegue fazer, até onde pode ir e que caminho de vida tomar. Afinal, se os pais estão ajudando os filhos em tudo, decidindo tudo e eles não passam por dor nenhuma, como esperar que esses jovens saibam do que realmente gostam, qual sua verdadeira missão no mundo? Eles só andam de bicicleta no caminho da vida usando as rodinhas de apoio!

A superproteção, ao bloquear o futuro profissional e emocional das crianças, traz como consequência o despreparo para lidar com dinheiro. Assim, se planta uma geração de adultos endividados e sem autocontrole para administrar o salário, mostrando o pouco contato com a realidade que tiveram. E qual é essa realidade? Nem sempre podemos ter o que queremos na hora em que queremos, nem sempre aquilo de que mais gostamos é o melhor custo-benefício, e, muitas vezes, comprar algo novo não vai resolver nossos problemas. Como é de pequeno que se torce o pepino, vale a pena ensiná-los a lidar com dinheiro quanto antes. Entre as dicas financeiras para mostrar que tudo tem valor – e não apenas preço –, sugiro começar com o básico: dê mesada, incentive-os a poupar em um cofrinho, converse sobre consumo consciente, doe roupas e brinquedos que não usam mais (antes do Natal e do aniversário).

Aqui, o exemplo fala mais alto outra vez.

Não adianta criar o hábito de passear no shopping todo fim de semana, gastando mais do que tem, e esperar que eles se tornem pessoas econômicas. Não adianta gastar muito e parcelar as compras sem perceber o real valor das coisas e depois deixar os filhos vendo você choramingar e reclamar que nunca tem dinheiro para nada. Se você nunca tem dinheiro para nada, de onde vêm as coisas? Não adianta querer uma postura menos superficial dos filhos e ser você mesma obcecado por roupas novas, trocar de carro constantemente, por exemplo. Não adianta resolver qualquer choramingo dos pequenos com presentinhos e depois esperar que os filhos não sejam consumistas, que apreciem o lado mais simples da vida.

A tal da autonomia

A conquista dessa tal autonomia, obviamente, tem início agora. A primeira coisa que você pode fazer para ajudar é deixá-los participar de tudo o que diz respeito à rotina deles: da roupa ao curso extracurricular, eles podem e devem ser incentivados a fazer escolhas. E também a fazer as coisas sozinhos, como comer, escovar os dentes, tomar banho... sendo que as responsabilidades devem aumentar com o tempo e a maturidade. Em quais atividades da casa seu filho pode "ajudar" – mesmo que a ajuda não seja tão efetiva assim, como entregar pregadores para você enquanto pendura a roupa, ou tirar as compras do supermercado das sacolas para que você guarde, deixar o próprio quarto organizado? Ele precisa se sentir parte da casa, parte da organização da família, até para aprender que na vida dele estas tarefas estarão para sempre presentes, que ele sempre terá responsabilidade sobre o próprio bem-estar. Mesmo que seja duro ver o seu bebê crescer, às vezes, saiba que ele só tem a ganhar com esse tipo de incentivo. Imagine que beleza se ele já souber a hora de dormir e ir escovar os dentes sozinho, e você só fizer aquela "inspeção" noturna para ver se o pijaminha está posto, os dentes escovados e o quarto limpo? Sem precisar mandar, só checar a qualidade do serviço depois? Pois isso não é um sonho, é algo que se ensina com o hábito, com o exemplo dos pais e com uma rotina que dê segurança para as crianças.

Uma pesquisa feita pela Universidade de Montreal, no Canadá, em 2015, mostrou que quando a mãe estimula o bebê a resolver seus "problemas" sozinho, favorece o desenvolvimento das funções executivas cerebrais do pequeno – que compreende a gestão dos processos cognitivos (como memória, raciocínio, flexibilidade, planejamento e resolução de problemas) no cérebro. Para chegar a essa conclusão, os cientistas observaram 78 mães interagindo com seus filhos em dois momentos: primeiro quando o bebê tinha 15 meses e novamente quando eles completaram 3 anos. Eles pediram a elas que ajudassem seus pequenos a concluir uma atividade, como montar um quebra-cabeça, para avaliar se elas os encorajavam, eram flexíveis e respeitavam o ritmo deles. Na segunda análise, chegou a vez de observar as crianças, com jogos para avaliar as tais funções executivas. Aqueles cujas mães ofereciam suporte para que fizessem os exercícios com autonomia se saíram melhor nas provas. E você, será que "passaria" nesse teste? Se ficou com receio, seguem algumas dicas para encorajar o seu filho na medida certa: o principal é, basicamente, deixá-lo se virar... Isso não é deixá-lo à própria sorte e sim incentivá-lo de acordo com a idade e a capacidade dele, sem tornar as coisas fáceis ou difíceis demais. O bebê está aprendendo a andar? Em vez de ficar repetindo "cuidado", o que pode gerar medo, coloque os brinquedos preferidos dele alguns passos à frente e o chame para buscá-los. Um estímulo simples com grandes resultados! Outra situação é aprender a amarrar o próprio sapato. Com 5, 6 anos as crianças já têm habilidade motora para fazer isso sozinhas. Mas a maioria não o faz! Segundo uma pesquisa da AVG Technologies, publicada em 2014, 57% das crianças de até 5 anos sabem usar aplicativos em *smartphones*, porém, apenas 14% conseguem amarrar os sapatos. Na sua casa também é ou foi assim, confesse! Há vezes em que estamos com pressa e é mais fácil a gente mesmo vestir, pentear, dar banho no filho e amarrar os sapatos! No entanto, como é que ele vai aprender se nunca tem a chance de tentar? Uma alternativa é permitir que ele fique responsável por esses cuidados nos finais de semana. Aos poucos, ele vai fazer tudo com rapidez e praticidade, você vai ver.

E atenção: cuidado para não projetar nos seus filhos seus próprios desejos, pois embora isso pareça um empurrãozinho para ele atingir a excelência, na verdade é uma baita de uma imposição e novamente você cai na armadilha de tirar a autonomia dele. Como, por exemplo, aquele pai que queria ser atacante e, por isso, matricula o menino na escolinha de futebol mesmo que o esporte preferido da criança seja outro. Eu acho lindo dançar balé, mas nunca tive oportunidade de fazer quando criança; por isso, quando tive uma filha já tinha certo que ela seria uma bailarina, só esqueci de combinar isso com ela. Matriculei a Bel no balé e ela fez por três anos e até gostava das aulas, mas percebi com o tempo que não era aquilo que ela sonhava para sua vida; então, perguntei se queria parar; ela disse que sim e; respeitei a opinião dela e não insisti. Mas como a esperança é a última que morre, a Nina não pode ouvir uma música que já começa a dançar! Quem sabe não será ela a minha bailarina? Brincadeira, assim como a Bel, ela vai escolher o que quer fazer para que seja um prazer e não uma obrigação. A gente sempre fala para ela o que esperar da vida mais adiante, explicando como será a ida para a faculdade, trabalhar, se casar... Orientamos com base na nossa experiência, porém, não direcionamos. Ela precisa ter todas as informações possíveis para ser livre para a escolher, e nossa função é oferecer para ela todo o nosso conhecimento, mas a decisão final precisa ser dela!

Desde já, ela é livre para escolher.

Ela também diz que gostaria de ser atriz um dia, fazer novela, enfim, seguir a carreira profissionalmente. Nesse caso, mostramos que se trata de um trabalho com compromissos: tem horário, diretor, textos para decorar e várias outras obrigações a cumprir (diferente de gravar um vídeo em casa com a família e sem nenhum compromisso). O dia em que surgir a oportunidade tão esperada para que esse sonho se realize, estaremos lá para apoiá-la, como sempre.

Mas sabemos que o nosso papel vai além de aplaudir e dar o suporte necessário para que nossas filhas atinjam seus objetivos: devemos oferecer sempre segurança emocional para que elas saibam que são cuidadas e que, qualquer que seja o caminho que queiram seguir, estaremos ao lado delas. Pois os limites dão segurança à criança, fazem com que elas se sintam amadas e cuidadas. Crescendo num ambiente assim, de respeito mútuo, elas vão compreender que existem regras na sociedade as quais todos devemos seguir. Como falei antes, não precisamos impor a autoridade na base do medo, mas com empatia, sempre observando as necessidades do outro e como nós somos responsáveis por colaborar com o coletivo. Sabe aquele colega de trabalho que, embora brilhante, não se dá com ninguém no escritório? Então, coloque limites no seu filho hoje, para que ele não se torne o funcionário mimado de amanhã. Para você não desperdiçar mais energia do que precisa nessa "missão", compartilho a seguir alguns ensinamentos da psicóloga neozelandesa Diane Levy.

Segundo ela, o que funciona na hora de impor limites: nada de explicar demais, as regras são claras e pronto. Se a criança não entendeu de cara, mais explicações não irão convencê-la. Tem horas que aquela frase "sou sua mãe, sei o que é melhor para você" basta; evite chantagens e negociações, afinal, a criança não está no mesmo patamar que você para que fique negociando! Se você tem o hábito de barganhar a toda hora (a lição em troca do chocolate, a organização do quarto para jogar videogame), ele nunca vai entender o que é senso de obrigação; esqueça as ameaças (até porque a gente quase nunca cumpre, não é?), e não fique se explicando muito quando colocar algum limite. Explique o suficiente para dar lógica àquela decisão, mas você não precisa colocar ponto por ponto até seu filho "aprovar" e daí finalmente fazer o que você está mandando. Reforce sempre que você já viveu mais, sabe de coisas que ele ainda não entende, e que suas decisões, portanto, são finais e não precisam passar por um tribunal. Pois explicar demais dá margem para negociação, uma vez que a criança pode simplesmente dar de ombros para a advertência. Ao dizer "se você não me obedecer, vamos para casa agora", pode correr o risco de ouvir "ok, não quero ficar mais aqui mesmo!" Entende? Claro que essas regras são apenas uma referência, siga o seu coração! Não tenha medo de errar nem tente bancar o super-herói. Seu filho também vai aprender com os seus erros, o que chamamos de resiliência, principalmente se vocês tiverem uma comunicação aberta para discutir mudanças de rumo. Nem sempre tudo acontece como a gente espera, o que é um ensinamento para a vida inteira, e deixe claro que você é alguém que sempre está ao lado dos interesses dele, mesmo se isso não parecer na hora de fazer birra. Todo esse esforço vai valer a pena lá na frente, quando ele for dono do próprio nariz e usar você como modelo para tomar as maiores decisões da própria vida, como o curso de faculdade, o marido ou a esposa, o melhor lugar para morar ou se deve mudar de emprego ou não. Deixe registrado na memória dele o exemplo de transparência, justiça e também de firmeza, que são necessários para todos nós. Como diz o ditado, boa mãe é aquela que vai se tornando desnecessária com o tempo. Faça o máximo para se tornar cada dia mais desnecessária, afinal você quer ser amada pela conexão profunda de amor que têm com os filhos, e não por oportunismo da parte deles, gerado e incentivado por você mesma!

Transformar as crianças e os jovens de hoje em adultos independentes e responsáveis amanhã não é tarefa fácil, eu sei. A falta de tempo e de diálogo, na correria do dia a dia, pode dificultar ainda mais essa missão. Lembre-se de que diálogo é diferente de monólogo. No primeiro, duas pessoas têm a chance de expor suas ideias, enquanto no segundo somente uma fala e tem razão. E é disso que se trata educar, uma vez que é por meio de conversas sinceras que você vai conhecer e estreitar os vínculos com os seus filhos. A verdade é sempre o melhor caminho — ainda que muitas vezes, seja doloroso dizê-la e ouvi-la. Aquele velho ditado segundo o qual a mentira tem perna curta continua atual. Não existem mentiras pequenas ou grandes, todas são iguais: diminuem a confiança.

Costumo dizer que podemos enganar o mundo inteiro, mas não a Deus nem a nós mesmos.

6 Meu Filho, meu tesouro

Um dos primeiros livros sobre puericultura (palavra usada na medicina para designar a criação e a educação de bebês e crianças) da história foi publicado nos Estados Unidos, em 1946, pelo pediatra Benjamin Spock. O livro era direcionado principalmente às mães e trazia orientações sobre os cuidados básicos com os pequenos nos primeiros anos de vidas. Naquela época pouco se falava sobre o assunto com base em evidências médicas, pois os conhecimentos geralmente eram transmitidos de mãe para filha, com base na experiência de cada uma. Com uma linguagem didática, o dr. Spock ensinava desde o básico (como limpar a mamadeira, como dar banho, como identificar e tratar doenças comuns, quanto esperar entre uma mamada e outra etc.) até questões mais psicológicas sobre como usar o bom senso e a própria intuição em tudo o que diz respeito à educação dos filhos. Ele foi um dos pioneiros a condenar os castigos físicos na infância, por exemplo, uma revolução para a época. De lá para cá, obviamente, muita coisa mudou – e acredito que as crianças ganharam inúmeros benefícios com isso.

A principal mudança na forma de criar os filhos, penso eu, está relacionada a uma maior participação dos pais nessa história. Se no livro do dr. Spock o assunto ocupa apenas algumas páginas, nas quais eles são tratados quase como coadjuvantes, hoje conhecemos bem a importância do papel do pai no desenvolvimento do filho, desde a gestação. A partir da década de 1970, as mulheres saíram de vez de casa para ganhar o mundo e completar o sustento da família. No entanto, boa parte dos homens acredita que cuidar dos filhos e da casa é trabalho só de mulher, o que sobrecarrega a maioria das mães, que hoje tem dupla e até tripla jornada por conta disso. Se na sua casa é diferente, bom para vocês! É bem provável que você escute por aí o contrário, ao conversar com suas amigas mães na porta da escola, já que muitas têm de se virar sozinhas. E elas não estão reclamando da boca para fora, viu! Estatísticas recentes da última Pesquisa Nacional por Amostra de Domicílios (PNAD), do IBGE, feita com base em 150.000 lares, mostra que as mulheres brasileiras trabalham 5 horas semanais a mais que os homens, contando o trabalho dentro e fora de casa! Enquanto eles gastam, em média, 41 horas e 36 minutos com trabalho semanalmente, a jornada dentro de casa soma apenas 10 horas semanais dedicadas às tarefas domésticas. Ao passo que elas trabalham cerca de 35 horas e 30 minutos por semana fora, porém, até 21 horas e 12 minutos dentro de casa (mais que o dobro deles, vejam).

Para mim, como falei antes, pai de verdade é aquele que troca fraldas, dá mamadeira (ou leva o bebê até a mãe no meio da madrugada para ser amamentado!), dá banho, ajuda a fazer a lição e assim por diante. Essa participação (e não somente ajuda) é fundamental para aliviar o cargo da mãe, que será mais realizada, assim como para o desenvolvimento pleno das crianças. De acordo com o relatório apresentado em 2015 pelo Instituto Promundo (uma ONG que trabalha em prol da igualdade de gêneros), meninos e meninas cujos pais acompanham seu crescimento de perto terão melhor desempenho escolar, desenvolvimento cognitivo e saúde mental no futuro. O documento mostrou que, segundo estudos realizados em diversos países, a interação com o pai é essencial para a conquista de habilidades sociais importantes. "Pesquisas demostram que filhas de pais que compartilham tarefas domésticas são mais propensas a buscar trabalhos menos tradicionais e com salários mais elevados", conclui o estudo. Por outro lado, os meninos estão mais propensos a se envolver no trabalho domésticos quando adultos. Em resumo, com exemplo do pai dentro de casa, as crianças percebem que todos temos nossas obrigações, independentemente do sexo. Mas o documento mostra outro lado interessante que você deve perceber na sua família: os homens que participam ativamente do dia a dia da família são mais felizes, mais produtivos no trabalho e, por último, têm menos problemas de saúde! Ou seja, todo mundo sai ganhando! Isso é algo que percebo em coisas simples. Aos sábados de manhã, quando Maurício lava o carro com ajuda da Bel, percebo como é linda essa cumplicidade deles por meio do olhar da minha filha, toda molhada e ensaboada, superfeliz por compartilhar aquele momento com o pai.

Recordações que certamente ela levará para sempre.

Mas é claro que reclamar apenas não adianta. Além de conversar abertamente com o pai dos seus filhos sobre a importância do apoio dele, acho que nós, mulheres, também temos de colocar a mão na consciência e confessar: muitas vezes somos nós mesmas que os excluímos das responsabilidades domésticas. Começa cedo, quando o bebê nasce e a gente morre de medo de deixá-lo sozinho com o pai. Que mal pode de acontecer? É um tal de "você não trocou direito as fraldas", "essa roupa não combina com o sapatinho", "a água do banho está fria" ou "ele pode cair, cuidado" para lá e para cá, que faz com que muitos pais realmente acreditem que são incapazes até mesmo de dar banho no filho como diz o "protocolo". Mas que protocolo? Veja, não é só o seu jeito que é certo. Existem muitas maneiras de cuidar de uma criança. Deixe o seu companheiro descobrir a dele! Se você permitir mais e criticar menos, ele vai ganhar confiança aos poucos – e talvez, daqui a algum tempo, até tome conta dos filhos melhor do que você...

Outro detalhe que faz a diferença nessa história é o modo como educamos meninos e meninas atualmente. Elas são incentivadas desde cedo a brincar de boneca e de casinha, a escolher profissões mais "femininas". Enquanto os meninos jogam bola, escalam objetos, montam bloco etc. Enfim, podem fazer quase tudo que quiserem – só não devem mesmo chorar e demonstrar seus sentimentos, afinal, isso é "coisa de menina". O preconceito começa dentro de casa e é reforçado na escola. Quando limitamos as brincadeiras, as crianças deixam de explorar todas as suas habilidades, diminuindo assim seu repertório. Por causa disso, talvez o mundo perca grandes jogadoras de futebol ou ótimos bailarinos. Então, vamos deixar a imaginação de nossos filhos aflorar e alcançar todo o seu potencial: eles podem e devem brincar do que quiserem, têm o direito de expressar suas emoções e não precisam ficar presos a convenções sociais que não fazem o menor sentido.

As gerações futuras agradecem!

Famílias reconstruídas

Se te perguntarem qual a coisa mais importante da sua vida, tenho certeza que a resposta será sua família. Mas qual é o conceito de família hoje? Recentemente, o dicionário Houaiss, um dos mais influentes da língua portuguesa no Brasil, ampliou esse verbete para refletir as mudanças sociais das últimas décadas. A nova definição foi escrita com ajuda de milhares de brasileiros, por meio de uma campanha publicitária chamada Todas as Famílias, que reuniu depoimentos de famílias de vários desenhos e tamanhos de todo o país. Desde então, uma das definições de família, nesse dicionário, ficou assim: núcleo social de pessoas unidas por laços afetivos, que geralmente compartilham o mesmo espaço e mantém entre si uma relação solidária. Além do modelo chamado nuclear, aquele formado por pai, mãe e filhos, hoje existem agrupamentos familiares formados por mães e filhos; pai e filhos; dois pais e/ou duas mães e filhos; pai, madrasta e filhos; mães, padrasto e filhos; entre outros.

Uma das razões por trás disso é o aumento do número de divórcios no pais – que cresceu 160% na última década, segundo o IBGE. Ninguém se casa pensando que um dia vai se separar. No entanto, acontece. Todo mundo tem o direito o direito a uma uma segunda chance, não é? Não raro, nas festinhas infantis, na escola ou no clube, a gente se depara com famílias reconstruídas, ou seja, quando o pai ou a mãe já foram casados anteriormente e trazem filhos de antigos relacionamentos.

A separação dos pais

Quando um casal com filho se separa, eles deixam de ser marido e mulher, obviamente. Mas serão pai e mãe daquela criança para sempre, o que significa que esse vínculo nunca acaba. O marido tem de entender que se separou da esposa, mas não dos filhos – e vice-versa. Compreendo que são muitas as questões a resolver durante um divórcio: quem vai sair de casa? O que fazer com os bens materiais do ex-casal? Quem vai ficar com os filhos? No entanto, é preciso pensar nas crianças em primeiro lugar e deixar as mágoas de lado. Muitas vezes essa separação acontece ainda quando o casal está junto, dividindo o mesmo teto, mas não existe mais amor e cumplicidade dando lugar a brigas e desentendimentos. Se para o casal é um momento doloroso, para crianças é algo que tem de ser dado total apoio e atenção. As pessoas têm reações diferentes quando expostas às mesmas situações. Assim, tem crianças que passam bem por essa fase, como relatou um amigo meu. Ele disse que, na época em que se separou da esposa, sua maior preocupação era como seu filho iria reagir a isso. Para sua surpresa, o filho falou: "Ai pai, tudo bem, eu só quero que vocês sejam felizes e eu ainda vou ter duas casas, dois quartos…!" E ele ficou pensando como nós adultos complicamos as coisas. Mas é claro que cada um sente de um jeito, e tem crianças que sentem muito – como uma amiga minha cujos pais se separaram quando ela tinha 8 anos e hoje, já adulta e casada, ainda chora ao falar dessa fase e de como queria que os pais tivessem ficado juntos; ao relembrar, ela volta a ser aquela garotinha que chorava agarrada ao pai pedindo que não fosse embora e que tentou de todas as formas um jeito de reaproximá-los… Anos depois, quando viu seus pais juntos em seu casamento, ela chegou a desmaiar de tanta emoção.

O mais importante nessa situação é a forma com que os pais lidam com o fato. Existem casais que têm uma separação amigável, o que ameniza bastante a tensão dessa fase; já outros saem feridos e muitas vezes descontam suas dores nos filhos, usam as crianças para atingir, falar mal e chantagear um ao outro, perguntam ao filho de quem ele gosta mais, e por aí vai…Isso é o que os psicólogos classificam como síndrome da alienação parental, isto é, a criança é doutrinada contra o pai e, aos poucos, eles vão se distanciando até perderem de vez o contato. Para que a decisão dos pais não se transforme em trauma para os pequenos, o casal deve ser sinceros com eles, explicando as razões da separação (até o ponto que eles possam entender e sem culpar ninguém) para evitar fantasias. Sim, porque as crianças tendem a acreditar que motivaram o conflito que levou à separação e/ou que serão abandonadas pelo pai (já que a maioria continua morando com a mãe).

A guarda compartilhada virou lei no final de 2014. Ao contrário do que muitos acreditam, isso não obriga a criança a viver metade do tempo com o pai e metade do tempo com a mãe. A guarda compartilhada, na verdade, implica que pai e mãe dividam a responsabilidade e a rotina da criança. O que é ótimo para os filhos, que terão ambos os pais presentes. O arranjo do tempo que cada um ficará com o filho na prática pode ser feito de comum acordo pelo casal (com o apoio de mediadores, se for o caso) ou determinado pelo juiz. De modo geral, o padrão continua assim: finais de semana alternados entre os pais e um dia da semana na casa do outro. Como disse, ninguém diz sim no altar cogitando a ideia de se separar dali uns anos. Pais separados não precisam ser amigos, mas devem saber que têm um elo para sempre que necessita de amor, atenção e respeito, pois os pais são as pessoas que as crianças mais amam e não é tão simples vê-los separados; é fundamental que deixem claro que o que está acabando é um casamento, que a criança não tem culpa nenhuma nisso, que eles vão continuar sendo pai e mãe para sempre e que seu amor por ele é cada vez maior. É uma mudança de vida para todos, uma nova rotina como a ausência de um dos pais no dia a dia, casas diferentes e o fato de que uma hora seus pais podem se casar novamente, ter outros filhos – e cabe a eles conduzirem tudo isso de forma verdadeira e clara para que não seja frustrante para a criança. Embora os casos de separação sejam bastante comuns na atualidade, cada criança reage de acordo com seu desenvolvimento emocional. Mas, independentemente de qualquer coisa, é um momento difícil para toda a família, embora filhos de pais separados possam viver mais felizes do que filhos que vivem em um ambiente de brigas. Nenhuma separação é fácil, mas mensagens positivas e carinho fazem com que essas crianças cresçam acreditando na família e no amor.

20 pedidos de filhos de pais separados

Mãe e Pai ...

1 Nunca se esqueçam: eu sou o filho de vocês.
Quando os pais se separam, eles podem viver duas vidas separadas. Contudo, há uma ideia-chave que não podem se esquecer: o filho deve pertencer a essas duas realidades, à nova vida da mãe e à nova vida do pai.

2 Não me perguntem se eu gosto mais de um ou do outro.
O pai e a mãe são insubstituíveis. A criança poderá ter uma nova madrasta ou novo padrasto, mas serão amores diferentes. A criança ama os dois e nunca deve ser ques-

tionada sobre a "quantidade de amor". Agredir o nome do outro, criticar o outro magoa; ninguém gosta que coloquem em causa as pessoas que amamos.

3 Ajudem-me a manter o contato com aquele com quem não estou a maior parte do tempo.
Uma forma de transmitir ao seu filho que o ama é aceitar a mãe/o pai dele. Aceitar que ele tem o direito de manter uma relação.

4 Conversem como adultos.
O seu filho não deve desempenhar a função de "pombo correio". Quando duas pessoas se separam e têm um filho em comum, elas devem ter o cuidado de continuar a falar entre elas sobre o filho, não recorrer a ele para transmitir informações ao outro.

5 Não fiquem tristes quando eu estiver com o outro.
Se a criança tivesse a liberdade de escolher, iria desejar pertencer a uma família unida para sempre. Quando os pais se separam, têm de aprender a partilhar o filho, devendo transmitir a ele que o amam independentemente da sua presença física.

6 Nunca me privem do tempo que me pertence com o outro.
A criança tem o direito de dividir o tempo com ambos os pais. Estar com o outro não deve significar um prêmio ou um castigo.

7   Não fiquem surpreendidos nem chateados quando eu estiver com o outro e não der notícias.
Por vezes a criança se distrai, não significa que deixou de gostar dos pais. As más notícias circulam sempre depressa.

8   Não me passem ao outro, na porta da casa, como um pacote.
Para a criança é essencial a comunicação entre os pais. Isso não obriga a manutenção de uma relação, apenas uma partilha sobre o filho, cujo principal beneficiário é a criança.

9   Vão buscar-me na casa dos avós, na escola ou na casa de amigos se vocês não puderem suportar o olhar do outro.
Se os pais não conseguirem se comunicar de forma civilizada, poderão sempre recorrer a familiares.

10   Não briguem na minha frente.
A educação deve ser transmitida por ambos os pais. Ao serem educados com o pai/mãe do seu filho, estão demonstrando-lhe que gostam dele.

11   Não me contem coisas que ainda não posso entender.
Aceitem a idade do seu filho. Existem determinados temas que devem ser discutidos apenas entre os pais.

12   Deixem-me levar os meus amigos a casa de cada um.
A "casa da mãe" e "a casa do pai" também deve ser a "casa da criança", logo, a criança deve sentir-se à vontade para levar os seus amigos e de apresentá-los aos pais.

13   Concordem sobre o dinheiro.
A criança deve sentir que existe comunicação entre os pais, que podem ter trabalhos e salários diferentes, desde que tenha as coisas essenciais nas duas "casas".

14   Não tentem "me comprar".
Deem-lhe amor, não bens materiais. Todas as crianças querem o "mundo", tal como os adultos; compete aos pais ensinar-lhes a lidar com a realidade.

15   Falem-me francamente quando não der para "fechar o orçamento".
A sinceridade é importante em todas as relações. Para uma criança, é mais importante o afeto do que um novo brinquedo.

16   Não sejam sempre "ativos" comigo.
A criança precisa dos pais, não de "animadores". Ensinem-lhe a viver com o que têm, a brincar calmamente.

17   Deixem o máximo de coisas idênticas na minha vida, como estavam antes da separação.
A separação dos pais é uma grande mudança, tentem amenizar as outras.

18 Sejam amáveis com os meus outros avós – mesmo que, na sua separação, eles fiquem mais do lado do seu próprio filho.

Todos os pais ficam (devem ficar) do lado dos filhos, principalmente quando eles estão lidando com problemas. Para a criança, é essencial o afeto e sua transmissão no seio familiar.

19 Aceitem o/a novo(a) parceiro(a) do(a) seu/sua ex-marido/ex-esposa.

Preciso também me entender com essas outras pessoas. Prefiro quando vocês não têm ciúme um do outro. Seria de qualquer forma melhor para mim quando vocês dois encontrassem rapidamente alguém que vocês possam amar. Vocês não ficariam tão chateados um com o outro.

20 Sejam otimistas.

E ensine a criança a ver a realidade de uma forma positiva.

(Fonte – Tribunal de Família e Menores de Cochem-Zell / Alemanha)

Filho não é superprodução

Para todo pai e mãe que se preze, seja casado, divorciado, viúvo ou de qualquer outro modelo familiar, os filhos realmente são os nossos maiores tesouros, como preconizou o dr. Spock. Ultimamente, entretanto, alguns costumam demonstrar esse amor com ostentação. Basta dar uma olhada, por exemplo, nas fotos de festas infantis da sua *timeline* no último fim de semana. O que vale mais, na sua opinião: um aniversário de milhares de reais (muitas vezes pago em diversas parcelas!) ou aquela reunião com parentes e amigos mais próximos em volta de um bolo que a própria mãe fez? Acho que ninguém faz apenas para aparecer; de fato, queremos que nossos filhos se sintam amados e importantes. Mas, novamente, pergunto: o que é mais valioso, presente ou presença?

Já escutei de algumas pessoas frases do tipo "não sei por que aquele menino é rebelde, se tem tudo o que quer". Leia-se por "tudo" aquilo que o dinheiro pode comprar. Acontece que nenhum brinquedo substitui a presença dos pais. O poeta mineiro Carlos Drummond de Andrade (1902-1987) dizia:

> brincar com as crianças não é perder tempo, é ganhá-lo.

Eu sempre quis que minhas filhas vissem em mim uma companheira divertida. Para mim, brincar com elas fortalece nosso vínculo, além de tantos outros benefícios. Brincadeira, então, é coisa séria. Quando nos tornamos pais, ganhamos a oportunidade de resgatar a criança que existe dentro da gente. Apesar dos aparatos tecnológicos que fazem a cabeça dos pequenos hoje (celulares, tablets, videogames), para mim isso não afasta as famílias; pelo contrário, podem ser aliados para uni-los desde que ele não fique sozinho e você acabe gostando disso porque ele está distraído e quieto ao invés de estar amolando. Fique um tempo ao lodo dele, observando o que ele anda vendo, e aproveite para brincar, beijar e abraçar... sem moderação! Essa atitude vai fazer bem para seu filho – e mais ainda para você.

10 Dicas para se tornar um pai e uma mãe melhores

A maternidade e a paternidade, para mim, são uma oportunidade que recebemos de Deus para nos tornarmos pessoas melhores. Senão, vejamos: já na gravidez, ao longo do pré-natal, toda gestante começa a se alimentar melhor e a cuidar da saúde. Afinal, as atitudes dela vão impactar diretamente o desenvolvimento do bebê. Diversas pesquisas mostram, por exemplo, que os filhos de mães que ganham muito mais ou menos quilos do que o recomendado na gestação têm mais risco de desenvolver sobrepeso e obesidade na infância. A explicação é que o ganho inadequado de peso, seja para mais ou para menos, pode afetar mecanismos que controlam o equilíbrio energético e o metabolismo da criança (como o controle de apetite e o gasto energético). Mas isso é só o começo de tamanha responsabilidade, que obviamente também se estende ao pai. Porque, depois que o bebê nasce, todas as decisões devem levar em conta que você tem um serzinho que depende de você, que te ama e te observa o tempo inteiro.

No dia em que Maurício e eu soubemos que seríamos pais, ficamos tão felizes que parecia um sonho. Naturalmente, quando a gente se torna pai e mãe, os filhos passam a vir em primeiro lugar: as prioridades mudam a partir do momento que observamos aquele rostinho pela primeira vez. O mundo gira, então, em volta daquela pessoinha, cujo sorriso sem dentes é o suficiente para nos encher de alegria. Damos valor para coisas que não ligávamos muito antes – uma boa noite de sono, um banho demorado e qualquer, mas qualquer mesma, conquista do seu bebê – e outras perdem um pouco a razão de ser, como se dedicar a um emprego que sufoca e rouba o tempo que deveria ser da sua família, apenas em troca de dinheiro? Só para citar a mais comum. Fazer algumas renúncias está dentro do pacote. Mas isso não atrapalha os planos, muito menos a vida do casal; pelo contrário, dá mais sentido a nossa existência.

Temos a chance também de relembrar a relação que tivemos com nossos pais. As boas lembranças e os aprendizados podem ser levados adiante e transmitidos a essa nova geração, enquanto outras devem ficar para trás. Eu preferi deixar algumas delas e basear a criação das minhas filhas somente na amizade, no respeito e, claro, no amor (aquela palavra que avisei desde o começo do livro que você leria muito por aqui). Nunca dei sequer um tapinha e nem apliquei nenhuma forma de castigo (físicos ou psicológicos, não quero saber deles). Insisto em bater nessa tecla, porque jamais me arrependerei disso. Se você pensa diferente de mim, convido você a não ter medo de fazer diferente e reavaliar os seus métodos. Divido, a seguir, algumas dicas que considero importantes para se tornar um pai ou uma mãe ainda melhor.

1) **Respeite para ser respeitado**

A minha primeira proposta, sendo assim, é respeitar para ser respeitado, sempre. Porque embora exista uma hierarquia dentro de casa, pais e filhos devem respeitar um ao outro, não importa a idade. Para que ele tenha paciência com você lá na frente, quando os papéis se inverterem e os mais novos começarem a cuidar dos mais velhos, você precisa fazer o mesmo agora. Apesar das crianças do século XXI serem mais espertas e comunicativas do que nunca, elas ainda são... crianças. Evite tratar os seus filhos, portanto, como mini-adultos.

> *Respeite o tempo e o ritmo deles, não custa lembrar.*

2) Antes de agir, respire fundo

A segunda dica tem a ver com a lição acima. A melhor maneira de ser ouvido não é com gritos, mas com atitudes. Se o seu filho ou alguém o fez perder a calma, aposte na técnica de contar até dez. Como os dizeres: "Respira, inspira, não pira!". Estudos mostram que, ao respirarmos correta e profundamente, oxigenamos o cérebro, estimulamos a circulação sanguínea e reduzimos o estresse. No momento em que a serenidade perde o controle para raiva, por outro lado, demonstramos nossa incapacidade enquanto pais. É duro ouvir e admitir isso, concordo. Mas vale reforçar que, quando uma criança grita, chora ou bate, ela está chamando atenção para algo que ainda não consegue exprimir com palavras. É quase como um pedido de ajuda, um sintoma. Lembre-se, então, de que o adulto nessa relação é você! Por isso, em vez de reprimi-la, você tem de acolher esse chamado. Faça com carinho, em primeiro lugar, e com uma boa conversa mais adiante – vai depender da situação e da idade dela, claro.

3) Cuide do planeta

De todas as transformações que vêm com a maternidade/paternidade, acredito que uma das mais significativas é a preocupação com o planeta que vamos deixar para os que estão vindo depois da gente. Aqui vai, então, a minha terceira dica: se até então você, no máximo, reciclava o lixo, depois dos filhos, o termo meio ambiente deve ganhar um novo status no seu vocabulário. E ser uma família mais verde não é tão difícil ou caro quanto muitos pensam. Você pode iniciar com pequenas adaptações que farão grande diferença para cidade ao seu redor. Como utilizar sacolas reutilizáveis, economizando dezenas de saquinhos plásticos ao longo do ano.

4) Saiba pedir desculpas

Já pensou que maravilha se a gente recebesse um manual de instruções junto com aquele pacotinho (leia-se o recém-nascido) na maternidade? Atire a primeira mamadeira quem nunca fez algo que, antes de ser mãe/pai, condenava e jurava que jamais faria, como deixar o filho dormir na sua cama, dar chupeta, distraí-lo com seu celular para ter uns minutinhos de folga... Eu também era uma "mãe" exemplar até ter filhos, e você? Para uma coisa, entretanto, não há desculpa: ao errar, peça perdão. Isso é importante para seu filho entender que, sim, você é humano. Mas ele também é e, por isso, merece a sua consideração. Não ignore os sentimentos dele jamais.

5) **Acredite no potencial do seu filho**
O poder de uma família é capaz de motivar ou limitar uma criança! Se você disser ao seu filho que ele não consegue ou não foi feito para fazer aquilo, ele vai crescer acreditando nisso. A gente tem que saber dosar.

6) **Seja parceiro da escola**
Atualmente, vejo que muitos pais acabam passando para a escola a responsabilidade que é deles. Até porque o contexto escolar tem se inserido cada vez mais cedo na vida das crianças: se antes começávamos o ensino fundamental aos 7 anos de idade, atualmente, por lei, é obrigatório que toda criança brasileira seja matriculada na escola aos 4 anos, o que aumentou a influência das instituições de ensino na formação e no desenvolvimento dos pequenos. Pai, mãe e professores podem e devem trabalhar juntos. Cada um tem o seu papel. A escola deve proporcionar a aquisição do conhecimento propriamente dito, além de ser o espaço onde a criança experimentará o convívio social longe do seio da família. Ela ensina e cuida ao mesmo tempo, como uma extensão do lar. Já os pais, por sua vez, têm de acompanhar de perto o desempenho do filho, seja participando da reunião de pais, seja conversando com os educadores ou, ainda, auxiliando o pequeno nas lições (o que não significa fazer a tarefa no lugar deles). Não dá para seguir os passo da vida escolar da criança apenas por bilhetes que a escola envia. Tem

escolas que enviam comunicados por mensagens de celular. Nada contra as novas tecnologias, mas acredito que o olho no olho não tem como substituir. Além disso, pode acontecer de interpretarmos errado algo que foi escrito. De resto, transmitir valores é função da família, que é a base da sociedade. O que faz de nós, pais, os primeiros educadores. A formação ética e moral é algo que não pode ser delegada.

7) Ame exageradamente

Me chamou atenção uma mãe cantando para o filho a música Exagerado, do Cazuza: "Amor da minha vida, daqui até a eternidade, nossos destinos foram traçados na maternidade." Apesar de ser uma balada romântica, até combina mesmo, não? A maioria das mães que conheço são exageradamente loucas pela sua prole. Não vejo nada de mal nisso, também sou apaixonada confessa pela minha. Acho superimportante demonstrar amor que sinto por elas, sempre que possível, aliás, com bilhetes na lancheira, mensagens de texto, pequenos mimos. Falar "eu te amo" só da boca para fora é pouco, na minha opinião. Nós, pais, somos as primeiras referências, os primeiros modelos de amor de nossos filhos. Melhor que seja verdadeiro (e correspondido!), então. "Para mim é tudo ou nunca mais", como dizia o poeta.

8) Inspire confiança

Nossos filhos nos conhecem muito bem. Nem se nós quiséssemos não conseguiríamos enganá-los. Temos de construir com muito amor, ao longo da nossa convivência, uma relação de confiança que nada seja capaz de abalar. Penso que tal sentimento é fundamental tanto para a autoestima de nossos filhos, assim como também tem efeito protetor sobre eles. Como assim? Ora, se eles enxergarem na gente alguém com quem podem contar sempre, dificilmente haverá segredos entre nós. Obviamente que chega aquele momento, na adolescência, em que os amigos ganham mais relevância. Esse afastamento é natural, os jovens precisam testar a autonomia (aquela que tivemos tanto trabalho para ensinar). Até lá, no entanto, acredito que nossos vínculos já serão sólidos o suficiente para que nossos filhos saibam de cor quais são nossos valores e em quem podem confiar de verdade. Mas como inspirar confiança? O segredo falo na próxima dica, confira.

9) **Cumpra os combinados**

Para ganhar a confiança de todos, incluindo de seus filhos, é preciso fazer a parte que nos cabe. Sabe aquela mania de ameaçar a criança quando ela se porta mal, com frases do tipo "Se você não fizer isso, não vai ganhar aquilo" ou "Nunca mais voltaremos aqui outra vez"? Bom, talvez você já tenha notado que, além de não funcionar na prática, faz com que seu filho pare de acreditar em você. E quando repetir a mesma advertência, adivinha? Será ignorado outra vez! Pior ainda se inventar coisas como "o monstro vai te pegar" ou "o bicho papão vem aqui"... Essas chantagens que têm o objetivo de fazer com que sintam medo para que te obedeçam. Podem fazer com que você perca totalmente sua autoridade, quando eles descobrirem a mentira. Meus pais sempre me ameaçavam falando que a polícia ia me pegar, quando eu fazia algo errado, o que me gerou um certo trauma, pois até hoje fico nervosa ao me deparar com um policial, acredita? Então, evite mentiras e, claro, cumpra suas promessas! Isso vale para tudo. Se combinou de buscar seu filho na escola, chegue no horário certo. Prometeu levá-lo à praia no fim de semana? Não vale desmarcar porque está com preguiça, ok? E assim por diante.

Tudo isso implica ser sincero sempre, doa a quem doer. Lembro que uma vez faltei com a verdade – e até hoje minha filha me cobra uma resposta! Ela tinha um porquinho-da-índia, mas, por causa da alergia dela, tivemos de doar o bichinho. Ela ficou tão triste que, preciso confessar, menti que o traríamos de volta para casa uma vez que ela melhorasse. O problema é que nesse intervalo o bichinho morreu e não tive coragem de contar a ela. Ainda hoje ela fala dele, sempre imaginando o quanto ele deve estar grande e lindo. Em algum momento, sei que terei de falar a verdade. Parece bobagem, porém, não quero magoá-la e, principalmente, não quero que ela se decepcione comigo por ter mentido. Mas é lógico que prefiro que ela saiba toda a história por mim e não por meio do livro. Compartilhei essa história com vocês para falar que mesmo uma mentirinha "do bem", às vezes, pode dar errado. Não existem mentiras boas. Já pensou se um dia seu filho mentir para você a fim de poupá-lo também?

10) **Dê limites, com limites**

Dar limites traz segurança aos pequenos. Eles precisam saber até onde podem chegar, e todo esse cuidado faz com que tenham certeza de que alguém zela pelo bem deles, "ainda que discordem às vezes!". Porém, devemos escolher com sabedoria as batalhas que queremos ganhar. Não precisamos ter razão sempre só porque somos pais – até porque falhamos, e com frequencia. Em outras palavras, precisamos aprender a ser flexíveis também. Que mal faz comer a sobremesa antes do almoço uma vez ou outra? Alguém vai morrer se for para cama tarde nas férias? E quem declarou que as crianças não têm direito de reclamar das regras?

Para concluir as dez dicas, gostaria de compartilhar com vocês, que estão comigo nessa missão de educar com amor, as palavras do psicanalista, educador e poeta mineiro Ruben Alves (1933-2014), autor de diversos livros infantis:

Não haverá borboletas se a vida não passar por longas e silenciosas metamorfoses.

A maternidade é uma jornada para todos nós. Pois a convivência entre pais e filhos faz com que eles vivam e aprendam juntos, dia após dia. Podemos (ou melhor, devemos) criar nossos filhos de modo que tenham a oportunidade de se tornar indivíduos engajados, que façam diferença no mundo e alcancem todo o seu potencial. Essa é a razão pela qual apresentamos para nossas filhas a vida como ela é. Nós não as colocamos em uma redoma de vidro, pois acreditamos que dessa forma as crianças se tornam frágeis e despreparadas – pensando que todas as pessoas são confiáveis, que a vida é fácil e que o mundo gira ao redor delas. Maurício e eu nos esforçamos, portanto, para que nossas meninas tenham uma boa cabeça, corram atrás de seus sonhos e valorizem a família e o lugar de onde vieram. Pois essa é a base de tudo.

Logicamente tudo isso só é possível por meio de muito diálogo. A Bel tem abertura para conversar do que quiser com os pais, e a Nina terá também quando for o tempo certo (até porque ainda está aprendendo a falar!). Minha mãe, por ser de uma geração diferente, nunca foi assim. Era daquelas mães afastadas, com quem eu não tinha liberdade para conversar muito. E também, como já disse, me comparava com outras crianças, como as minhas primas, em tudo. O que os outros faziam era sempre melhor, a grama do outro lado era sempre mais verde. Isso me deixava muito triste, claro. Acho que ela não vai gostar de ler isso, mas como já falei, ela não fazia por maldade; depois de mais velha ela mudou bastante e hoje tem outra cabeça. Costumo dizer que nós temos a idade do coração e hoje minha mãe não tem mais do que 15 anos de idade do coração. O importante é que ela soube tirar lições valiosas de cada um desses momentos, dos erros, dos acertos, provando que se fizermos tudo errado sempre há tempo para recomeçar... Por tudo isso prometi a mim mesma, desde menina, que seria diferente. Acredito que a segurança da Bel venha disso, do fato de a valorizarmos e de não escondermos nada dela.

Crianças são muito curiosas e fazem perguntas sobre tudo e todos o tempo inteiro. Se você ainda não passou pela fase dos porquês, prepare-se! Ela normalmente ocorre entre os 2 anos e meio e os 4 anos, paralelamente a um período de grandes progressos na linguagem. Não é por acaso, então! Trata-se de uma atividade natural para quem está observando o mundo pela primeira vez, quando tudo é novidade. Veja pelo lado positivo: se a criança faz perguntas aos pais, é porque se sente à vontade para conversar com você, alguém da sua confiança. Às vezes, tais questionamentos geram saias-justas ou deixam os pais completamente perdidos... De onde vêm os bebês? Por que o céu é azul? Para onde vamos quando morremos? Mas isso não quer dizer que seu filho não seja maduro o suficiente para ouvir as respostas. Uma dica é responder apenas o que ele perguntou, sem ir além com explicações em excesso. Alguns assuntos podem causar sofrimento, eu sei. No entanto, os pais não devem poupar os filhos de tudo, isso impediria o amadurecimento deles. Já pensou chegar à adolescência imaginando que as cegonhas trazem os bebês? E questões como falta de dinheiro, morte, doenças e outros conflitos, como acreditamos, não são apenas assunto de gente grande. A vida não é um mar de rosas sempre, tem coisas que fogem do nosso controle. Por que não mostrar isso aos pequenos desde cedo? Essas frustrações (em doses homeopáticas, por favor!) vão torná-los pessoas mais fortes.

> Mentir jamais, pois a decepção pode ser ainda maior.

Por que correr o risco de perder a confiança da sua família? Se há alguma pessoa da família com problemas de saúde, por exemplo, conte a verdade. Do contrário, a criança pode fantasiar que esse ente querido vai melhorar e... caso as coisas sigam outro caminho, ela ficará triste por duas razões: tanto pela situação em si quanto pela mentira. Falo por experiência própria. Há pouco tempo minha irmã Márcia foi internada com uma complicação no rim, sendo que ela só tem um, porque doou o outro para meu irmão devido a doença genética que já mencionei, a qual levou meus dois irmãos. O estado dela era gravíssimo e eu conversei com a Bel francamente sobre o risco de vida que sua tia querida estava correndo. Então, acho que as crianças têm de saber a verdade para aprender a enfrentá-la. Quando a Bel era menor, foi submetida a um tratamento de imunoterapia em virtude de uma alergia. Ele consistia em aplicação de injeções regulares durante um ano inteiro. Explicamos todos os detalhes para ela, que logo quis saber se as agulhadas iriam doer. Foi difícil, porém, fomos sinceros. Respondemos algo mais ou menos assim, de um jeito que ela pudesse compreender: "Dói um pouco, sim, filha. Mas é para o seu bem!". No fim das contas, o tratamento foi bem-sucedido e ela não ficou com nenhum trauma de injeção! Bem que a gente gostaria que todas as vacinas fossem em gotinhas, não é? Para nós, resta apenas sermos sinceros... Se você incentivar seu filho a mentir, o que acontece quando conta uma mentirinha "inocente" na frente dele, ele vai adotar esse tipo de comportamento. Ainda que os pais só falem a verdade, algumas crianças, eventualmente, têm mania de mentir. Mas faz parte do desenvolvimento, não há motivo para alarde. Até os 4 ou 5 anos de idade, elas tendem a confundir fantasia e realidade. Então, acreditam de fato no que dizem, como existência de um amigo imaginário, por exemplo. Diante de uma situação que instigue a mentira, digamos assim, a recomendação dos especialistas é partir direto para uma conversa franca em vez de fazer perguntas. Assim você está encorajando-a a dizer a verdade. E para cada tipo de mentira que as crianças contam, há um motivo diferente de fazê-lo. Se ela mente para fugir do castigo, significa que tem medo da autoridade dos pais. Será que você não está abusando, confundindo respeito com autoritarismo? Nesse caso, aconselho a reduzir o tom de voz, falar olho no olho e recuperar a confiança do seu filho de volta. Agora, seu filho gosta de contar vantagem? Diz por aí que o pai tem o melhor carro, que vai passar as férias no exterior ou que é o mais forte da turma? Esse tipo de mentira, contada para compensar as próprias "fraquezas", tem a ver com a autoestima baixa. Cabe a você, então, valorizar as qualidades que ele possui. Elogie os esforços dele e, principalmente, diga que você o ama do jeitinho que ele é!

Por isso mesmo, ou seja, para incentivar esse diálogo franco lá em casa, inserimos nossa filha mais velha a participar de quase todos os projetos familiares. Ela palpita na programação do fim de semana, nos roteiros de viagens, nas mudanças de casa e de carro também. Como no casamento, estamos juntos na alegria e na tristeza! Conversamos, explicamos, mostramos as possibilidades (sejam boas ou ruins), para que ela ultrapasse os obstáculos que surgirem no meio do caminho de forma serena. Desespero nunca resolve nada, como costumo dizer às minhas filhas. Acho até que a Bel, apesar da pouca idade, já entendeu o recado. Porque quando alguém fica nervoso diante de um problema, ela já repete "calma!".

Como o nosso relacionamento com nossas filhas está sendo cultivado com amor e respeito mútuo, penso que dessa forma elas já sabem que podem contar conosco para o que der e vier. Tudo bem se não concordarmos em todas as ocasiões, desde que essa troca seja razoável. Uma pesquisa da Universidade da Virginia, nos EUA, levantou um ponto interessante em 2012. Ao analisar 150 adolescentes em torno dos 13 anos de idade discutindo com suas mães, observaram que aqueles eram confiantes durante as brigas tinham mais chance de recusar álcool e drogas anos mais tarde. Isso levou os pesquisadores a concluir que as discussões moderadas estimulam o pensamento crítico. As experiências vividas dentro de casa, afinal, servem como treinamento para o que os nossos filhos vão enfrentar no mundo lá fora.

6 valores que permeiam a relação entre pais e filhos

De tudo o que já falei até agora, gostaria de destacar seis valores que devem permear o relacionamento de pais e filhos, pois acredito que essa seja a principal herança que podemos deixar para eles. Como são conceitos abstratos, não é tão fácil explicá-los, muito menos ensiná-los aos pequenos. O que fala mais alto, sempre, são as atitudes. Como gostar de esportes, por exemplo. Dizer ao seu filho que aquela modalidade ou time são os melhores não é o suficiente. Você tem de jogar bola com ele, levá-lo ao estádio, torcer juntos em frente à TV. E não pense que seu filho vai assimilar estes valores logo de cara, você terá de ser persistente. Em resumo, é o cultivo de um hábito.

Listei algumas condutas que considero importantes, em que me inspiro para educar (com amor!) minhas pequenas. Mas você, logicamente, tem de agir de acordo com o que considera certo, sendo coerente com os seus valores. Afinal, nada melhor do que colocar a cabeça no travesseiro à noite e dormir tranquilamente, sem remorsos.

1) **Simplicidade**

A beleza da vida está nas coisas mais simples, pena que não é todo mundo que consegue perceber isso. O abraço do seu filho, o olhar amoroso do seu companheiro(a), os momentos que você passa em família... para mim, tudo isso tem mais valor do que bens e posses. Mas, Fran, a gente também precisa de dinheiro para viver! Concordo! No entanto, o que estou dizendo é que o mais importante a vida nos dá de graça, pois precisamos de pouco para ser feliz. Quando falo que o dinheiro não é o principal e que devemos encontrar o equilíbrio entre carreira e família, não digo para quem está abaixo da linha da pobreza parar de trabalhar. Nesse caso, não há escolha, ou você trabalha ou seus filhos serão privados do mínimo que precisam para sobreviver. No entanto, quero tocar aqueles que já têm o bastante e ainda acham que necessitam de mais e mais. Procuro passar para minhas filhas que um programa simples, como ir à praia, fazer um piquenique, assistir um filme, fazer um bolo, são tão divertidos quanto outros mais caros. Assim como ajudar o próximo com um afago ou uma palavra de carinho. É dando que se recebe. Se faltar dinheiro para comprar rosas, peça licença ao jardim do vizinho e retire uma flor. Deixe sua vida mais colorida com amor, pois esse sentimento não desbota e o perfume dura para sempre.

2) **Alegria**

Educar é prestar atenção nos próprios atos e comportamentos. Precisamos mostrar aos nossos filhos, com gestos e palavras, o que sentimos por eles. Só assim eles vão se sentir amados e protegidos. Amor, afeto e bondade contagiam todos ao redor. Como li por aí outro dia, o que faz diferença na vida é aquilo que você espalha, não aquilo que você junta. Sendo assim, espalhe alegria! Deite e role com o seu filho no chão ao chegar em casa, mesmo cansada. Estudos mostram que o contato físico estimula o sistema nervoso, que em resposta ao toque aciona hormônios que geram bem-estar, como serotonina, dopamina e oxitocina, sabia? O que melhora não apenas o humor como também a imunidade!

3) **Cumplicidade**
Acredito que nós, pais, devemos ser cúmplices dos filhos no sentido de ouvi-los, de nos colocarmos no lugar deles, de participarmos de fato de suas vidas. O modelo de família mudou. Se antes os pais falavam e os filhos obedeciam sem questionar, hoje temos espaço para ser mais próximos e amigos das crianças. Todas as partes saem ganhando! No entanto, embora os tempos sejam outros, os choques de gerações continuam. Educar e impor limites, sendo cúmplice ao mesmo tempo, pode ser complicado às vezes. A única maneira dessa "fórmula" dar certo é com confiança e respeito, base para todo relacionamento. Faça cada momento ao lado do seu filho valer a pena! Desligue o celular... Em vez de filmar e fotografar tudo o tempo inteiro, registre na memória e no coração

4) **Respeito**
Acho que tenho falado tanto sobre isso quanto sobre amor, já reparou? É que sempre apostei em uma relação com minhas filhas consolidada no respeito mútuo. Existe brincadeira e bagunça, sim. No entanto, há também o respeito entre nós. Sem jamais ter dado um tapa ou as

colocado de castigo. Muitos pais me perguntam como isso é possível, ao que respondo: castigos físicos e psicológicos podem deixar marcas, mas não ensinamentos. Use da sua autoridade, sim, mas sem autoritarismo. Respeitar o seu filho não tira o seu "poder", pelo contrário. Pense nisso!

5) **Exemplo**

"Dar o exemplo não é a melhor maneira de influenciar os outros – é a única." Esta frase é do teólogo e médico alemão Albert Schweitzer (1875-1965). Apesar de ter nascido em uma família abastada e gozar de prestígio na Europa, o médico mudou-se com a família para a África, tanto para servir quanto para pregar valores cristãos. Acredito, então, que ele sabia do que estava falando. Nós, pais, somos os primeiros e grandes exemplos de nossos filhos, não me canso de repetir. As crianças herdam mais do que os nossos traços físicos: somos suas referências, para o bem e para o mal. Elas seguirão nossos exemplos, não os conselhos, como muitos pais imaginam. Não adianta lançar regras disciplinares se você mesma não as cumpre. Como querer que seu filho seja doce e gentil, se você faz grosserias em sua frente? Como pede para falar a verdade, se mente para ele e para outros?

Atitudes assim – falar uma coisa e fazer outra – deixam as crianças perdidas e você sem autoridade, seguindo o ditado popular: "Faça o que eu digo, mas não faça o que eu faço".

Isso sem falar que quando isso faz parte do cotidiano da família, eles passam a acreditar que é normal. Claro que existem casos de pessoas que foram criadas com maus exemplos, porém seguiram caminhos contrários. Eu mesma cresci em um ambiente hostil, presenciando brigas de meus pais. Pois, como já falei, eles eram de uma geração em que havia pouco diálogo com os menores. Apanhei muito por nada, mas decidi fazer diferente. Cumpro essa promessa que fiz lá atrás com bons exemplos. As atitudes valem mais do que mil palavras. No caso do dr. Schweitzer, lhe rendeu um Prêmio Nobel da Paz em 1952.

6) Boa vontade

Embora muitas pessoas achem que não têm boa vontade para realizar as coisas, eu acredito que todos a tenham, basta ser desenvolvida para ficar mais forte ou ir deixando de lado e ficar mais fraca. Você estar lendo esse livro já demonstra sua boa vontade em refletir sobre sua forma de educar seu filho e sua relação com ele. Um exemplo muito bom de boa vontade de pais para com seus filhos vem da experiência de um pediatra. Uma vez ouvi ele dizer que é muito difícil diagnosticar uma criança sobre seu desenvolvimento, por não ser uma ciência exata, mas ele costumava palpitar e dizia que se arriscava em dizer para os pais que a criança iria ter progresso muito bom somente quando via que a família estava muito comprometida com a terapia envolvida na evolução da criança.

O amor constrói pontes onde é impossível passar sem ele.

O apreço pela família começa na infância

Para finalizar esse bate-papo sobre crescimento (até mesmo espiritual, eu diria), compartilho a parábola a seguir. De autoria desconhecida, essa história mostra como podemos aprender muito com as crianças, basta prestarmos atenção nelas. Não desperdice a sua chance! O apreço pela família começa na infância.

A tigela de madeira

Um senhor de idade foi morar com seu filho, sua nora e seu netinho de 4 anos de idade. As mãos do velhinho eram trêmulas, sua visão embaçada e seus passos vacilantes. A família comia reunida à mesa. Mas as mãos trêmulas e a visão falha do avô o atrapalhavam na hora de se alimentar. Ervilhas rolavam de sua colher e caíam no chão. Quando pegava o copo, o leite era derramado na toalha da mesa. O filho e a nora irritaram-se com a bagunça.

— Precisamos tomar uma providência com respeito ao papai — disse o filho. — Já tivemos suficiente leite derramado, barulho de gente comendo com a boca aberta e comida pelo chão.

Então, eles decidiram colocar uma pequena mesa num cantinho da cozinha. Ali, o avô comia sozinho enquanto o restante da família fazia as refeições à mesa, com satisfação. E desde que o velhinho quebrara um ou dois pratos, sua comida agora passara a ser servida numa tigela de madeira.

Quando a família olhava para o avô sentado ali sozinho, às vezes, ele tinha lágrimas em seus olhos. Mesmo assim, as únicas palavras que lhe dirigiam eram de admoestações ásperas quando ele deixava um talher ou alimento cair ao chão.

O menino de 4 anos de idade assistia a tudo em silêncio. Numa noite, antes do jantar, o pai percebeu que o filho pequeno estava no chão, manuseando pedaços de madeira. Ele perguntou delicadamente à criança:

— O que você está fazendo?

O menino respondeu docemente:

— Ah! Estou fazendo uma tigela para você e mamãe comerem quando eu crescer.

O garoto sorriu e voltou ao trabalho. Aquelas palavras tiveram um impacto tão grande nos pais que eles ficaram mudos. Então lágrimas começaram a escorrer de seus olhos. Embora ninguém tivesse falado nada, ambos sabiam o que precisava ser feito. Naquela noite o pai tomou o avô pelas mãos e gentilmente o conduziu à mesa da família. Dali para frente e até o final de seus dias o senhor fez todas as refeições com a família. E, por alguma razão, o marido e a esposa não se importavam mais quando o garfo caía, o leite era derramado ou a toalha da mesa ficava suja.

Além de trocar experiências com vocês, esses textos também têm o objetivo de retribuir o imenso carinho que temos recebido do público. Sempre que participamos de um evento, há uma comoção enorme de fãs, mães e filhas, para nos ver. Elas chegam até mim, seja pessoalmente, seja por e-mails e comentários, e confessam: "queria muito ser paciente como você!" Realmente, ser mãe não é fácil. Dá trabalho, sobretudo nos primeiros anos do bebê, e precisa mesmo de uma boa dose de paciência. Pois trata-se de uma doação por completo, mas em troca recebemos amor verdadeiro de alguém que nos ama de qualquer jeito. Ou você nunca foi recebida com um largo sorriso quando foi buscar seu bebê no berço para mamar no meio da madrugada, mesmo toda descabelada e com cara de sono? São detalhes como esse que fazem tamanha entrega valer a pena! E com os pais acontece o mesmo: muitos homens nos abordam e se emocionam ao falar com a gente sobre suas filhas. O mais importante que ganhamos com isso, no entanto, não é o sucesso ou a fama. E sim, caros leitores, esse carinho que demonstram para conosco!

Então, para fechar com chave de ouro esse rico diálogo (por enquanto, apenas eu falei, porém aguardo o *feedback* de vocês!), gostaria de dizer que confiem em si mesmas(os).

O amor vence os preconceitos, as angústias, os limites que imaginávamos que fosse insuperáveis. E nossas atitudes são o que de melhor podemos deixar aos nosso filhos – não aquilo que temos, como pensam muitos, senão aquilo que somos! Por isso, se você passa muitas horas do dia longe da sua família, com o objetivo de garantir um futuro seguro para ela, reflita: será que ela não está precisando de você agora, no presente? Ficarei muito feliz de saber que, ao ler um pouco da minha história e de minhas experiências como mãe, você decidiu tomar novas atitudes na sua relação com seu filho. Melhor ainda se você se comprometeu a mudar algo para o bem de todos aí na sua casa, alguma coisa que faça diferença no dia a dia de vocês. Pode ser acordar mais cedo para tomar o café da manhã juntos, buscar as crianças na escola uma vez por semana, assar um bolo com todos na cozinha no domingo à tarde... Convide seus filhos a entrar nesse desafio também! Se tem algo que o incomoda, mas com o qual você já se acostumou, converse sobre isso. Seja arrumar a própria cama, ajudar a lavar a louça ou melhorar as notas; como sempre, a melhor saída é o diálogo. E todas as mudanças começam assim, com um pequeno passo – motivado por um livro, por que não?

O amor vence tudo, acreditem.

Se mudamos o começo da história, mudamos a história toda. Como reforça o documentário *O começo da vida*, lançado em 2016. A mensagem que permeia todo o filme convida a gente a refletir sobre o impacto da primeira infância (0 a 6 anos) no destino de nossos filhos – e, por consequência, da sociedade. Ele mostra que, de acordo com renomados especialistas em educação, entrevistados pela produção, os bebês se desenvolvem a partir de uma combinação entre genética e interação com o ambiente que o cerca. É um serzinho programado para aprender, sendo os pais os principais "mestres"! Mas o mais legal é descobrir que, para chegar lá, o que ele precisa de verdade não são brinquedos, roupas de marca famosas e escolas caras, e sim afeto, diálogo e brincadeiras. Faz todo o sentido, não? "Cuidar bem dos nossos bebês é o maior investimento que se pode fazer na humanidade", explica o vencedor do prêmio Nobel de Economia James Heckman no documentário. A conclusão do especialista é baseada em um estudo norte-americano que sugere que a cada dólar investido em uma criança, 7 dólares serão economizados no futuro. Essa conclusão, para mim, só aumenta o papel dos governos e da sociedade por uma infância mais cuidada e plena – e, claro, da nossa missão como pais e mães.

Não deixe, portanto, que a correria do dia a dia lhe roube a felicidade de ser amigo do seu filho, ok? Sei que muitos pais têm dificuldade de demonstrar esse amor, assim como existem aqueles que acham que perderiam o controle ao se tornarem amigos do próprio filho. Posso dizer, por minha experiência de mãe e amiga, que tenho autoridade sem ser autoritária. E conquistei o respeito de minha filha dessa forma, baseando o nosso relacionamento no amor. Sou aquela pessoa em quem ela confia em todas as horas, que sabe que pode contar, porém que impõe limites e educa. A gente brinca e faz palhaçadas... mas a Bel sabe que não pode vacilar, que todos temos direitos e deveres, por assim dizer. Em 2015, por exemplo, houve um episódio que nos marcou. As garotinhas da classe dela estavam distribuindo balas entre os colegas. Bem na hora em que o doce chegou às mãos da Bel, a professora notou o burburinho. Virou-se para os alunos, então, e a "pegou" no flagra. "Como assim, Isabel, você está dando balas para a turma?", perguntou. Chamou a atenção dela na frente de todos. Não foi nada demais, na minha opinião, até porque a Bel nem teve culpa. Mesmo assim, ela chegou em casa triste. Logo de cara percebi que havia acontecido alguma coisa de errado, pois consigo decifrá-la mesmo sem palavras. "O que houve, Bel?", insisti. Até que ela confessou que a professora havia brigado com ela, me explicando o motivo. Fui até a escola para conversar com a professora e a coordenadora, pois não quis me calar diante daquela injustiça (ainda que pequena). A coordenadora não acreditou que a Bel tinha chorado "só" por causa da bronca da professora. E completou: "Que bom que ainda existem crianças que se incomodam com a opinião dos educadores. A maioria leva bronca toda hora e nem liga, continua fazendo bagunça...". Mas a Bel é assim mesmo, não está habituada a decepcionar os outros. Em todos os colégios pelos quais já passou, sempre soube se portar. Pense em uma mãe orgulhosa! Mas para ser um bom pai e uma boa mãe, você não precisa fazer nada de incrível, as atitudes mais simples falam por si só – e são sempre as mais eficazes também. Assim, construindo uma via dupla de cumplicidade, confiança e respeito com seus filhos, você vai experimentar o maior, melhor e mais verdadeiro amor. Pois, como diz aquele poema curtinho, mas tão completo, atribuído a Mario Quintana (1906-1994):

Mãe:
São três letras apenas,
As desse nome bendito:
Três letrinhas, nada mais...
E nelas cabe o infinito.
E palavra tão pequena,
Confessam mesmo os ateus.
És do tamanho do céu.
E apenas menor do que Deus!

Mesmo assim, repito: as pessoas jamais deveriam engravidar com o objetivo de resolver seus problemas, como salvar o casamento ou dar sentido à vida. Por essa razão, admiro de verdade quem opta por não ter filhos. Até porque sei da cobrança que as mulheres sofrem quando tomam essa decisão, seja da própria família ou da sociedade em geral – e por que será que ninguém pressiona os homens, hein? Então, se você acha que não está preparada para a maternidade (e quem está?), melhor mesmo curtir os sobrinhos, afilhados e filhos de amigos. Sou a favor de quem coloca uma criança no mundo com a consciência do tamanho da sua responsabilidade, com a verdadeira intenção de cuidar e dedicar seu tempo (não apenas dinheiro!) a ela. Independentemente do que acontecer e do que essa pessoinha se tornar, ela será sua responsabilidade para sempre. Mesmo que ela tenha um gênio forte ou, sei lá, que você e o seu cônjuge se divorciem, o filho é um compromisso para vida inteira.

E assim como você tem o direito de escolher se quer participar dessa aventura, também dá para escolher como entrar nela. De peito aberto, arregaçando as mangas para enfrentar a tudo e a todos que for necessário? Ou com medo, reclamando e fazendo corpo mole diante de qualquer obstáculo? Ouvi certa vez alguém dizer que nós morremos várias vezes ao nos depararmos com dores que, de imediato, nos parecem insuportáveis – mas que renascemos mais adiante. O mundo me ensinou, entretanto, que somos mais fortes do que imaginamos. De todos os erros, decepções e frustrações, devemos tirar um aprendizado e praticar o perdão. Mesmo que você seja como eu, que nem sempre consigo esquecer de uma coisa ruim que alguém fez para mim, mas sei muito bem deixar quieto. Por que deixar para amanhã o que você pode deixar para lá, não é verdade? A felicidade está dentro de nós, como já falei e faço questão de repetir. Não adie a sua felicidade, escolha ser feliz agora! Celebrando sua família sempre que tiver a oportunidade, ou seja, em dias bons e ruins também, já que tudo é um aprendizado.

Ser mãe é padecer no paraíso?

As obrigações da maternidade, de fato, trazem reflexões desse tipo. Seja nos grupos de mães na internet, seja na reunião de pais ou nas festinhas infantis, elas estão sempre a se questionar. Tanto que diversos cientistas já se debruçaram sobre o assunto, realizando pesquisa atrás de pesquisa. Uma das últimas foi feita na Inglaterra, com aproximadamente 5 mil pessoas de diferentes idades, classes sociais e orientações sexuais pela Open University (uma instituição de ensino a distância mantida pelo governo do Reino Unido), em 2014. Ao fazer um levantamento com casais ao longo de dois anos, a conclusão foi de que aqueles sem filhos seriam mais felizes no casamento. A explicação seria que os casais sem filhos teriam mais tempo para se dedicar e apoiar um ao outro. Porém, os pesquisadores também notaram um dado curioso nesse levantamento: embora se considerem mais insatisfeitas com a qualidade de seu casamento e com o companheiro em si, as mães se mostraram mais felizes com a vida de modo geral quando comparadas a qualquer outro grupo analisado. O que os levou a concluir que ter filhos pode, de fato, ser uma fonte de felicidade no caso das mulheres. E quando o assunto é maternidade e paternidade, a idade dos pais também conta no quesito felicidade, pelo menos segundo uma pesquisa feita pela London School Economics em parceria com a Western University, do Canadá. Ao acompanhar casais ao longo de dezoito anos, constatou-se que quanto mais tarde eles tinham filhos, maior e mais duradoura a satisfação no que diz respeito à maternidade/paternidade. O levantamento mostrou que adultos entre 35 e 49 anos, por exemplo, se mostram mais positivos ao se tornarem pais em contrapartida àqueles que formaram suas famílias entre os 23 e 34 anos. Em geral, de acordo com a análise, há um aumento no "pico" de felicidade um ano antes e um ano após o nascimento do bebê. Durante o pós-parto, notou-se uma pequena queda. No entanto, os adultos do grupo etário mais maduro foram os que se recuperaram com maior rapidez, o que demonstra que se adaptariam com maior facilidade à condição de pais.

Todas essas pesquisas, que logicamente são apenas uma referência, levam-me a tirar minhas próprias conclusões. Em primeiro lugar, ter filhos, de fato, mexe com a nossa essência. Em segundo, cada um vai encarar a maternidade e a paternidade de acordo com a sua história e experiência. Cada um é cada um, diz o ditado! Existem muitos manuais com o fim de nos tornamos pai e mãe melhores – toda informação é bem-vinda! Da mesma forma que fazemos cursos e especializações para sermos melhores profissionais, acredito que também faz diferença se atualizar sobre as últimas novidades nas áreas de saúde, educação e comportamento infantil. Mas dê ouvidos também à sua intuição. Ela erra pouco, aliás; sabe por quê? Como mostra a própria ciência, a intuição não só existe como é essencial para nossa sobrevivência. Porque quando temos um pressentimento sobre algo, normalmente, isso ocorre por causa de um complexo sistema em nosso cérebro que liga o nosso consciente ao inconsciente. Assim, somos capazes de tomar decisões com mais segurança.

Prefiro, então, ser otimista.

Filhos, para mim, não são sinônimo de problemas. Longe disso. Quando olho para minhas meninas, vejo que a vida continua, que vale a pena acreditar no futuro. Crianças demandam energia e, quase sempre, deixam a nossa vida de pernas para o ar. A casa certamente fica mais bagunçada, mas, em contrapartida, nunca esteve tão alegre. Estaria mentindo se dissesse que só nos trazem alegria. Não tenha medo de fracassar, faz parte dessa jornada. Tudo depende do que você vai fazer com tal experiência! Espero que você tenha aprendido um pouco comigo sobre como estreitar os laços com a sua família, de modo que construam uma parceria duradoura. Deixe seu filho curar qualquer dor, qualquer mágoa que você tiver. Assim como minha mãe encontrou forças para dar conta de um recém-nascido (no caso, eu) logo após a perda de um filho... Aproveite essa oportunidade que a vida te deu (eu recebi duas!) para se descobrir, crescer e se reinventar. E sejam felizes! Agora, duas mensagens para homenagear a todos nós.

O dia em que Deus criou a mãe

Quando Deus criou a mãe, já estava nas horas extras do seu sexto dia de trabalho. Um anjo apareceu e disse-Lhe:

— Senhor, por que gastas tanto tempo com esta obra?

Ao que Ele respondeu:

— Viste a minha folha de especificações para ela? Precisa ser completamente lavável, mas não ser de plástico; ser capaz de funcionar com toda a energia, mesmo que esteja em jejum; ter um colo que acomode quatro crianças ao mesmo tempo; ter um beijo que possa curar desde um joelho arranhado até um coração ferido, e fazer isso com apenas duas mãos.

— Com apenas duas mãos? Impossível! E este é o modelo padrão? É muito trabalho para ela!

E Deus continuou:

— Ela também enxerga os filhos através das paredes, vê suas necessidades sem que eles precisem dizer nada, se cura sozinha quando está doente, alimenta uma família com qualquer coisa e consegue trabalhar dezoito horas por dia.

— Mas ela parece tão frágil, Senhor! – Reclamou o anjo.

— Sim, ela é frágil por fora, mas muito forte por dentro. Não fazes ideia do que ela pode suportar e conseguir.

— Ela é capaz de pensar?

— Não só de pensar, mas também de raciocinar e negociar.

— Senhor, parece que este modelo tem um vazamento...

— Isso não é um vazamento... É uma lágrima.

— E para que serve uma lágrima?

— As lágrimas são a sua maneira de expressar alegria, tristezas, desengano, o seu amor, a sua solidão, o seu sofrimento e o seu orgulho.

— És um gênio, Senhor. Pensaste em tudo. A mãe é verdadeiramente maravilhosa!

— Sim, e como! A mãe tem forças que maravilham os homens. Elas cantam quando gostariam de gritar. Choram quando estão felizes e riem quando estão nervosas. Lutam pelo que acreditam. Enfrentam a injustiça. Não aceitam um "não" como resposta quando acham que existe uma solução melhor. Privam-se para que a família tenha algo. Acompanham ao médico quem tem medo de ir sozinho. **Amam incondicionalmente.** Choram quando os filhos triunfam e se alegram quando os amigos vencem. Sabem que um beijo e um abraço podem ajudar a curar um coração ferido. São feitas de todas as cores, medidas e formas. Transmitem luz, alegria, esperança, compaixão e ideais. E têm um grande coração!

Texto de autoria atribuída a Erma Bombeck.

O dia em que Deus criou o pai

Conta-se que, quando Deus se dispôs a criar o pai, Ele se esmerou a tal ponto que atraiu a atenção de um anjo, que ficou a observá-Lo.

Deus começou fazendo um homem de estatura muito alta. O anjo vacilou um pouco, mas resolveu falar com o Criador:

— Senhor, que tipo de pai é este? Se as crianças são baixinhas, por que um pai tão alto? Ele terá dificuldades para jogar bolinhas de gude sem se ajoelhar. Não poderá colocar uma criança na cama, nem beijá-la, sem ter de de curvar muito.

Deus sorriu e explicou que o pai precisava ser alto, para a criança ter alguém para enxergar quando olhasse para cima.

Aí, Ele partiu para colocar mãos grandes e vigorosas no modelo. O anjo criou coragem e falou outra vez:

— Senhor, desculpe-me. Mas mãos grandes são desajeitadas. Elas não vão conseguir abotoar botões pequenos, nem prender elásticos nos cabelos nem retirar cisco do olho de uma criança. E como irão trocar fraldas de um bebezinho?

— Pensei nisso — respondeu Deus, com toda a Sua paciência. — Eu as fiz grandes o suficiente para segurar tudo o que um menino tira do bolso no fim do dia. E você verá, são pequenas o suficiente para segurar e acariciar o rosto de uma criança.

Depois, Deus começou a modelar as pernas. E as fez longas, esguias. E colocou ombros largos no protótipo de pai que estava criando.

— O Senhor percebeu que fez um pai sem colo? Quando ele segurar uma criança, ela vai cair pelo vão das suas pernas! — Tornou a censurar o anjo.

Deus continuou a modelar com todo o cuidado, e esclareceu:

— Mães necessitam de colo. O pai necessita de ombros fortes para equilibrar um menino na bicicleta ou segurar uma cabeça sonolenta no caminho de casa, depois das brincadeiras do circo ou da ida ao parque.

E Deus colocou pés grandes. Os maiores pés que o anjo já tinha visto. Ele não se conteve:

— Senhor, acha justo isso? Honestamente, o Senhor acha que esses dois pés vão conseguir saltar rápido da cama quando o bebê chorar? E quando tiverem de atravessar um salão de festas de aniversário de uma criança, então! No mínimo, esses pés enormes vão esmagar umas três delas, até chegar do outro lado.

— Eles vão ser úteis — foi explicando o bom Deus. — Você verá. Vão ter força para sustentar uma criança que deseje ver o mundo do alto do pescoço do pai. Ou que deseje brincar de cavalinho. Vão dar passadas firmes e quando a criança as ouvir, subindo as escadas, em direção ao seu quarto, se sentirá segura, por saber que o pai logo mais estará ali para abençoá-la antes de se entregar ao sono.

Deus continuou a trabalhar noite adentro. Deu ao pai poucas palavras, porém uma voz firme, cheia de autoridade. Deu-lhe também olhos que enxergavam tudo, mas que continuavam calmos e tolerantes.

Contemplando sua obra de arte, Deus resolveu acrescentar um último detalhe. Tocou com Seus dedos os olhos do pai e colocou lágrimas que ele pudesse acionar, quando tivesse necessidade.

Aí, virou-se para o anjo e perguntou:

– Agora, você está satisfeito em ver que ele pode amar tanto quanto uma mãe?

O anjo nada mais tinha a argumentar. Permaneceu em silêncio.

Texto de autoria atribuída a Erma Bombeck.

Querido leitor,

Vou ficar muito feliz se, após essa leitura, você refletir e se comprometer consigo mesmo a mudar pelo menos uma atitude na sua vida de pai ou de mãe, e que essa mudança seja positiva e faça diferença para o melhor.

Acredito que filhos são presentes de Deus, e Ele não os manda com manual de instrução, aprendemos mesmo na prática, acertando, errando e seguindo nosso coração que sempre nos indica o melhor caminho. Cada um de nós é único e, por isso, especial, e isso vale para seus filhos e para você também. Nunca desista de si mesmo, de seus sonhos, de seus filhos, de sua família que são nossos bens mais preciosos.

A palavra amor esteve presente em praticamente todas as folhas desse livro porque ele vence tudo, vence as dificuldades, os preconceitos, supera os limites que pensamos que fossem insuperáveis, enfrenta todos os desafios, ajuda a conquistar os objetivos e faz a vida melhor de ser vivida. O melhor bem que podemos deixar para nossos filhos é o nosso amor e os nossos exemplos, aquilo que somos e não aquilo que temos. Você não precisa fazer nada de incrível, porque as atitudes simples são sempre as mais eficazes.

E por falar em atitudes simples, você já beijou seu filho hoje? Você já disse "eu te amo" para seu pai, sua mãe, sua vó, companheiro ou companheira ou para quem lhe ajuda a caminhar na estrada do mundo? Não devemos esquecer que família não é uma questão apenas de sangue, mas de alma. Família é quem segura sua mão e acalma seu coração quando você mais precisa. Então, não perca tempo e beije, abrace, ame, seja feliz agora!

Agradeço a Deus a oportunidade de escrever esse livro e influenciar de forma positiva tantas pessoas e, se Ele quiser, nós nos encontraremos em outro momento com novas histórias e aprendizados.

Obrigada a todos e vamos seguir acreditando no amor e na família. Um beijo no coração de cada um de vocês.

Este livro foi impresso pela gráfica Arvato Bertelsmann
em papel norbrite plus 66,6 g..